これで安心

55歳からの住宅ローン破綻回避術

高橋愛子
Aiko Takahashi

nk 日興企画

はじめに

高齢者向けに自宅を流動化（資金化）する方法が多様化してきています。ひと昔前までは自宅は売らないと資金化できないのが普通でした。そのため、「家はあるけどお金が無い」という状態で老後の生活がひっ迫している人も多くいました。

それは「家だけは売りたくない」「住み続けたい」「終の棲家（すみか）」という意識がとても強かったからです。くわえて「老後に住む家が無くなる」という恐怖は、誰もが抱える悩みです。

今は、自宅を売却せずに資金調達ができる方法（リバースモーゲージ）や自宅を売却しても賃貸で住み続けられる方法（リースバック）があり、リバースモーゲージを行う金融機関はたくさんの広告を出していますし、リースバックを行う事業者は、インターネットはもちろん、ＴＶコマーシャルや電車広告を出すなど、顧客獲得に力を入れており、その商品は多種多様です。

しかし実際のユーザーからすると、「リバースモーゲージとリースバックの違いもよく分からない」といった、相談以前の段階で疑問を抱えている方もとても多いのが現状です。

定年後も住宅ローンの返済が残っている人、役職定年を迎えて住宅ローンの返済が厳しくなってしまった人、急な病気やケガなどで収入が減ってしまった人など、長い人生の中で計画通りにはいかないこともあります。どうにかなると思っていても、どうにもならずに相談に来る方が後を絶ちません。

私は不動産コンサルタントをしながら、住宅ローン問題全般の無料相談窓口であるＮＰＯ法人『住宅ローン問題支援ネット』を運営しています。

もともとは任意売却専門の不動産業を営んでおり、住宅ローンが払えなくなった方の自宅が競売になってしまう前に「任意売却」という方法で、数々の競売を回避してきました。特にリーマンショックのときは、かなりの件数の任意売却の仲介業務を経験しました。

そのときは不動産業者として任意売却の相談を無料で受けていましたが、常に高齢の方からのご相談がとても多く、その中で「住み続けたい」という強い想いを感じました。また高齢の方は特にバブル期からの日本社会の変化の波にのまれて、自己の責任ではどうしようもできないような住宅ローン破綻に直面している現状がありました。

そんな中で私は不動産業者として売買取引を目的とするのではなく、「住宅を売らない方法、売っても住み続けられる方法などもアドバイスしたい」と考えるようになり、今は不動産業者という立場ではなくＮＰＯ法人として中立的なアドバイスを行う活動をしています。

コロナ禍前の２０１９年に『【改定版】老後破産で住む家がなくなる！　あなたは大丈夫？』という本を出版しました。そのときもリバースモーゲージやリースバックについては書きましたが、それからさらに多様化が進んでいること、そしてトラブルが増えているということから、「自宅の流動化（資金化）」に関する本を書いて、１人でも多くの方に知識を備えてもらいたいという想いが強くなりました。本のタイトルには、〝年齢が早ければ早いほど選択肢が広がる〟ということを伝えたく、あえて「55歳から」という年齢を入れました。これは役職定年に多い年齢の目安、リバースモーゲージの申し込みが可能になる年齢であること、借り換えをするにも1歳でも早い方が良いという考えからです。

また、住宅ローンを組む年齢も年々晩年化し、定年後も住宅ローンの返済が残っているということは珍しくない世の中になりました。定年後も住宅ローンが残っていることはダメなことではありませんが、家計がひっ迫し、貯金もなく、年金だけでは生活できないためにアルバイトを続けながら生活している人も多く、〝住宅ローンを払うために生涯を捧げている〟と言っても過言ではない人もいます。そんな人の多くは、「住宅ローンが払えなくなったらどうなるのか？」ということを知らず、漠然と競売になり追い出され、自己破産でお先真っ暗と頭を抱えている人たちです。

人はこの先どうなるのかということが分からないから、目の前が真っ暗で不安でどうしようもなくなるのです。ですが、どういった状況でもこの先に起こることが分かっていれば、道筋やあるいは光が見えて、前に進めるのだと思います。

どんな状況でも必ず終わりが来て、なるようになっていきます。

したがって、住宅ローンが払えなくなったらどうなるのか？　このような状況に陥ったとき、その解決方法を明確に解説することにしました。住宅ローンが払えなくても怖くない、競売も怖くない。自己破産も正当な債務整理の方法なのですから、決して負い目を感じることは無いのです。

そんなことを「知っておく」だけで、少し先の生活を「安心」してもらえるような本になればと思いこの本を執筆しました。

私が思う「破綻」とは経済的なことのみを指すのではなく、経済的に破綻することによる「精神的な破綻」のことです。経済的な破綻はいくらでもリカバリーできますが、精神的破綻は一度してしまうと心は元に戻ることが難しく、生きることすら辛く苦しいことになってしまいます。

その破綻を回避できるのは、専門家に相談することはもちろんですが、ご自身でも知識を持ち、意識をしっかりと持つことだと思います。

〝知識〟と〝意識〟の両輪で考えれば、真の破綻をすることは無いと信じています。

ましてや住宅ローンで破綻することは絶対にあってはなりません。

この本で、そんな〝知識〟を備えていただき、少しでも〝意識〟が変わるきっかけになることを願っています。

※本文中の金融機関などの条件については、2023年7月時点で著者が調べたものです。

第２章

マイホームに住み続けながら資金を得る方法

第３章

住宅ローンが払えなくなるとどうなるのか？ 163

第4章

住宅ローンが払えなくなったときの5つの解決策

第5章 自宅資産を活用した老後の生活設計 273

第１章

住宅ローンの現状と問題点

01 住宅ローンの現状

金利の上昇は起こらない？

1990年代前半のバブル崩壊以降、日本は30年あまりの間、長いデフレ状態にありました。実質賃金が伸びていない中でも、多額のローンを背負って住宅を購入する人が多い背景には、日銀の金融緩和や景気浮揚策としての住宅ローン減税といった政策があります。ここ数年、東京都心の新築マンションの価格はバブル期超えの水準まで高騰していますが、夫婦ともに正社員という〝パワーカップル〟が、それぞれ低金利でローンを組み、住宅ローン減税の恩恵を享受しながら購入しているというケースが多く見受けられます。

中でも低金利が長く続いていることが、多くの人の住宅購入意欲を盛り上げてきたと言ってよいでしょう。さらに２０１３年４月からは日本銀行による異次元の金融緩和が始まり、この10年ほどは史上空前の『低金利時代』となりました。

特に変動金利は、実際に契約する適用金利が１％を切る『ゼロ金利時代』が続いています。「こんなゼロ金利が続くはずがない。変動金利は必ず上がる」と言われながらも金利が上がる動きは一向に起こらず、ゼロ金利に慣れた世の中は「金利の上昇は現実には起こらない」というのが半ばコンセンサスになっていました。それがここにきて、とうとう金利上昇が現実のものとなりつつあります。

ただし、今上昇の動きが出ているのは長期金利です。住宅ローンでは、長期金利に連動する「固定金利」が上昇している状況で、短期金利が基準となる変動金利は現段階では上がっていません。むしろ変動金利は、金融機関が新規顧客獲得のために更に金利優遇を手厚くし、契約する金利が下がっている状態です。

新規契約の住宅ローンを金利タイプ別に見てみると、２０１７年度までは固定金利型（固定金利期間選択型を含む）と変動金利型がほぼ半々で推移していましたが、２０１８年度以降、変動金利型の増加が顕著で、２０２１年度には変動金利型が76・

2%を占めるまでになりました。なんと4人に3人は変動金利で借りているのです（国土交通省『令和4年度 民間住宅ローンの実態に関する調査』より）。

このような現状を見聞きするたび、「金融機関の誘いに乗って、今変動金利でめいっぱいローンを組んでしまった人の10年後、20年後は大丈夫だろうか……」と私は心配になってしまうのです。

変動金利型ローンの注意点

住宅ローンを借りるとき、変動金利と固定金利のどちらを選ぶかは悩むところです。現在のような超低金利下においては固定金利を選択するのが安心ですが、変動金利だとほぼ1%未満なのに対して、固定金利はフラット35でも1・8%前後と金利差が1%程度あります。どちらが得かは、金利がいつ、どれくらい上がるのか、今後の金利の動き次第で変わってきます。

変動金利を選んだ場合、金利が上昇すると当然返済額が増えます。しかし、変動金利型の住宅ローンには、「5年ルール」「1・25倍ルール」という返済額の急増を抑制する措置があります。一見、契約者にメリットのあるルールのように思えますが、実はこれが後々厳しい状況につながっていく可能性があるので注意が必要です。

✴5年ルールとは?

変動金利型住宅ローンは、半年ごと（見直し時期は4月と10月が一般的）に金利の見直しがありますが、5年間は返済額が変わりません。金利が変動した場合、月々の返済額やボーナス払いの中で元金と利息の比率が調整されるためです。返済額は一定ですが、金利が上がれば利息が増え、元金返済に充てられる金額が少なくなります。

✴1・25倍ルールとは?

5年ルールとセットで適用され（例外あり）、6年目に返済額を見直す際に、金利がいくら上昇したとしても、返済額は従来の1・25倍までしか増やさないというルールです。

図1 変動型住宅ローンの5年ルール、1.25倍ルール

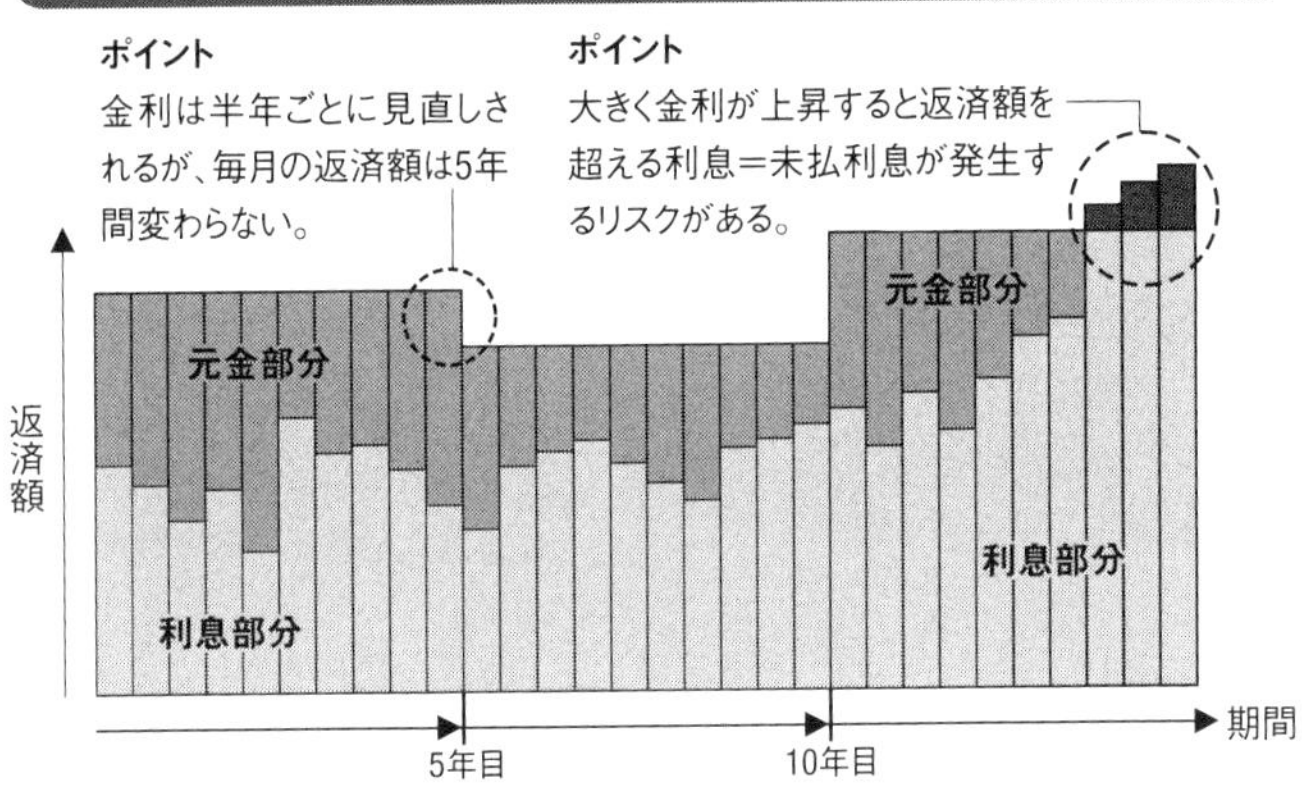

金利上昇時には、これら2つのルールに従って毎月の利息と元本返済が再計算されます。返済額が5年間は一定で増えるときも25%以内というのは、当面の家計支出の負担を抑える効果はあります。しかし、返済そのものを軽減してくれるわけではありません。

一定の返済額の中で元金と利息を調整しているため、金利が上昇して利息が増えると元本返済に充てる分が少なくなります。当然、元本返済は進まず、その分さらに金利負担が生じます。仮に金利が急激に上昇したときは、毎月の返済がすべて利息分となってしまい、全く元金返済に充当されないという事態も起こり得ます。つまり「元金が減らない」という

ことです（図１：「変動型住宅ローンの5年ルール・1・25倍ルール」を参照）。

それだけならまだしも、新たな金利で計算し直した利息が毎月の返済額を上回った場合、「未払い利息」が発生します。未払い利息の返済方法は金融機関によって異なりますが、厳しい条件のところだと、最終回に一括返済を求められることもあります。

金利がどれくらい上がったら未払利息が発生するかは、金利上昇のスピードや借入金額、残りの返済期間などによって異なります。返済が進み借入残高が減っていくにつれ、未払利息は発生しにくくなります。現在の日本の経済情勢では過度に心配する必要は無いと思いますが、借入金額が多い場合は余裕のあるときに繰上返済を検討すべきです。

低金利破綻の予備軍は多い

このように住宅ローン金利は上昇すると予想されていますが、現状変動金利はゼロないし超低金利状態にあります。一方、最近は都市部を中心に不動産価格が上がり、「不動産は高いので今買うのは損だ」という声も聞きます。ではこれから住宅を購入しようという人は、どのように考えたらよいのでしょうか。

「不動産価格が高い」という点に関して、私はそう言い切れないと思います。住宅はほとんどの人がローンを組んで購入しますから、不動産価格が安くても金利が高ければ、ローンの総返済額は大きくなります。今より安く買ったとしてもローン金利が上がるとすれば、利息も含めた住宅に対する総支払額は変わらないかもしれません。つまり、昨今の不動産価格の高騰は現在の超低金利でカバーできるので、損ではないということです。

住宅購入のタイミングにはそれぞれの家族の事情があり、投資と違って金利や不動産価格の動向に合わせることが難しいものです。それに、快適な住宅に住むことで家族が幸せな時間を過ごせるとしたら、住宅にはお金に代えがたい価値があります。

欲しいと思ったときが買い時ともいえるのですが、だからといって思いつきや勢いで購入してしまうのは非常に危険です。

図2 金融機関によって異なる返済比率の基準

税込み年収額＼返済比率	A銀行	B銀行	C銀行	フラット35
300万円未満	25%以内（年収200万円以上）	30%以内	―	30%以内
300万円以上400万円未満	30%以内	35%以内	35%以内	
400万円以上700万円未満	35%以内	40%以内	40%以内	35%以内
700万円以上	35%以内	40%以内	45%以内	

※著者調べ

今は低金利である上に、頭金不要、さらに諸費用までも貸してくれる金融機関もあります。また毎月の返済金額を抑えるため、返済期間が50年のローンや完済年齢が85歳までというローンもあるほどです。金融機関の定める返済比率（年収に占める年間返済額の割合、概ね30～35％以下が基準）をクリアできるだけの収入があり、個人信用情報に問題がなければ、比較的簡単に住宅ローンを組めてしまう現状があります。

●堅実な返済比率は？

ここで金融機関の定める返済比率を見てみましょう。

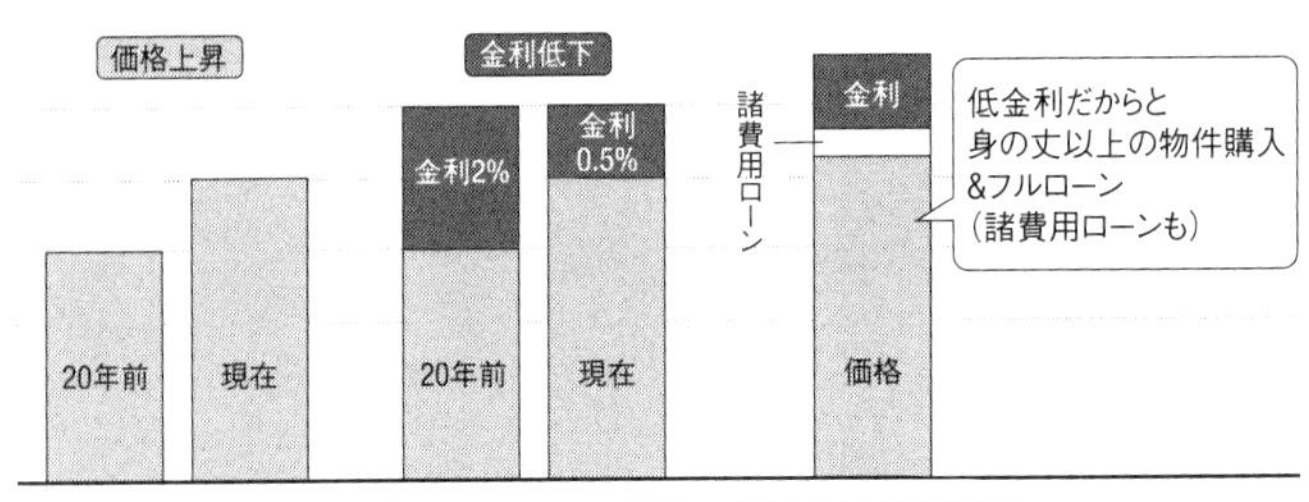

史上空前の低金利時代なので不動産高騰分は低金利でカバーできる（総返済額は変わらない）。

前ページの図（**図2:「金融機関によって異なる返済比率の基準」**を参照）からも、返済比率については年収400万以上は25％以下、400万以下は20％以下にするべきだと私は考えています。少し無理をしないと希望の物件に手が届かないという現実もあるでしょうが、20年、30年という長期にわたって住宅ローンを返済していけるのか、ライフプランに沿った堅実な資金計画を立てることが必要です。

せっかくの超低金利だからメリットを享受しようと変動金利で借りている人が多いと思いますが、本来、変動金利型ローンは、金利が低いうちに繰上返済などを組み合わせて、賢く元金を減らしていく人に向いているローン形態です。それなのに、目先の金利の安さから身の丈以上の物件を購入し、当初の低金利で算出した年間返済額で返済比率の基準ぎりぎりまで借り入れしてしまう人が少なくありません。また、生活費に余裕があれば贅沢をしてしまい、低金利で返済額が少ない状態を基準にして支出が多い家計を成り立たせてしまうというのは、よくあるケースです（**図３**：「低金利破綻予備軍が増える要因」を参照）。

本来、低金利で返済額が少ないうちに節約して蓄えておけば家計に余裕ができ、金利上昇で返済額が上がっても対応できるはずです。ところが低金利の状態を基準に家計が成り立っていると、毎月の返済額が少し上がっただけでも何かを削らなくては返済できなくなります。慣れてしまった生活レベルを落とすのはなかなか難しいもので、カードローンなど高金利の手軽な借り入れに手をだしてしまいがちです。

返済比率や家計のやりくりに余裕がないと、ボーナスの減少、子どもの教育費の増加などちょっとしたことで生活が破綻してしまいます。私は金利上昇もその要因になり得ると考えています。このような問題を抱えてしまいそうな破綻予備軍が多くいるのが現状です。

近い将来、低金利時代に変動金利など一見ハードルの低い方法で身の丈以上のローンを組んで物件を購入した人の『低金利破綻』が起こるのではないかと私は危惧しています。

住宅ローンに苦しむ高齢者が増えている

日本が抱える住宅ローンの融資残高は、年々増え続けているのが現状です（日銀の統計で2022年6月末 220兆円超、住宅金融支援機構のデータで2022年3月末 212兆円）。

住宅ローンについて注意しなければいけないのは、なんといっても返済が30年、35年と長期にわたる点です。住宅ローン借入時の審査では、ローン契約者の申込時の収入や職業が重視されます。会社員で勤続年数が長ければ、かなり厳しそうな返済計画でも貸してくれることが多いのです。借りる側も30代後半から40代前半の働き盛りで、これから仕事を頑張って収入を増やしていこうと考えているわけですから、将来像はポジティブといいますか、楽観的になって当然ではないかと思います。

しかし、現実には10年も経てば状況は大きく変化します。勤務先の業績悪化によるリストラやボーナス減といった社会的な経済状況の変化、離婚や親の介護問題などといった家族状況の変化など、想定外の事態に陥ることも少なくありません。

実際、私のところにも最近では住宅ローンの支払いに行き詰まる高齢者からの相談が増えています。１９９０年代に３～４％台の金利でローンを組み、そのまま借り換えずに真面目に返済してきた人たちです。

●ゆとりローンの落とし穴

１９８０年代、日本中がバブル景気に沸き、不動産価格は急騰しました。地価高騰を抑制するために政府が発した、いわゆる『総量規制』（１９９０年3月大蔵省銀行局長通達『土地関連融資の抑制について』より）をきっかけに日本経済は変調をきたし、バブル崩壊となったのです。しかし、その渦中でバブルがはじけたことに気づく人は、多くありませんでした。

そのため不動産価格が下がり始めたとき、「なんとか手が届く価格になった」と多くの人が飛びつきました。値下がりは一時的なもので、また地価も経済も右肩上がりに戻ると信じられていたのです。

それが大誤算でした。地価の下落は続き、ローン残高が不動産価格を上回るオーバーローンの状態のまま、ローン返済を続けなければならない状態になってしまった人が続出しました。

しかも、高くなった不動産を購入できるよう、当時の住宅金融公庫には『ゆとりローン』という返済方法がありました。『ゆとりローン』とは、当初5年間は50年返済として計算して返済額を低く抑え、6年目以降、段階的に返済額を増やしていくというものです。日本の企業の多くに見られる年功序列で給料が上がる、終身雇用が約束されている、不動産価格は上昇するということを前提としていました。実際には給料は増えず、不動産価格は下落。これらの前提が崩れてしまうと、この『ゆとりローン』自体が破綻の要因となることは火を見るよりも明らかです。返済額は増えるのに給料は増えない、不動産が値下がりして売却しても完済できない、という多くの人を苦しめた『ゆとりローン』は2000年に廃止されました。

現在、バブル崩壊の時期に住宅を購入した人たちが60代以上となり、退職の時期を迎えています。１９９５年に40歳で住宅を購入、３０００万円を30年、４・３％の固定金利で借りた場合、毎月の返済は15万円弱。20年後の60歳時点で、約１３００万円のローンが残っていた計算です。雇用延長や再雇用で働いたとしても、毎月15万円のローン返済となると、非常に厳しいのが現実でしょう。

日銀の統計によると、住宅ローン貸出残高は２２０兆円を超えました。その中で破綻率は２～４％と言われていますが、〝ローン破綻予備軍〟は相当数いると思われます。最近の超低金利下では、１％未満の変動金利で借りられる限度額までめいっぱいローンを組んでいる人も少なくありません。先に述べたように、今後、金利が上昇すれば、破綻者はさらに増えることになるでしょう。

02 問題の先延ばし条件変更 過去のローンでの失敗

高齢者の住宅ローン破綻で多い相談の1つに、住宅ローンが支払えなくなり、途中で返済条件の変更をしているケースがあります。一時的には返済がラクになるのですが、そこから正常返済に立て直すことができず、結局支払いに行き詰ってしまいます。特に80歳を越える完済年齢での条件変更は、団体信用生命保険が失効してしまうので、住宅ローン債務を相続人に残すことになってしまいます。

ここで1つ、過去の条件変更で失敗した事例を見てみましょう。

事例1 山田弘（仮名）さんの場合

山田陽子さん（仮名）（51歳・女性）は、２ヶ月前に亡くなった父・弘さんが遺した住宅ローンのことで相談に来られました。お母様は既に亡くなっており、一人娘の陽子さんはさいたま市の一戸建てでお父様と２人暮らしでした。

弘さんの資産を整理してみると、預金は３００万円ほどしかないのに対して住宅金融公庫のローンが約１３００万円、これらを相続して引き継ぐべきかというご相談です。

陽子さんは住宅ローンが残っていることは知っていましたが、弘さんは団体信用生命保険（団信）に加入しており、保険で完済できるものと思っていました。ところが団信の保障は80歳の誕生日の属する月の月末まで。弘さんが亡くなったのは80歳２ヶ月で、わずか２ヶ月の違いで保障が切れていたのです。亡くなる前の３ヶ月は病院でほとんど寝たきりの状態だったので、高度障害の状態であったと保険会社に掛けあってみましたが、団信の高度障害の認定は厳しく、該当しないとの回答でした。

陽子さんはお父様と暮らしていた現在の自宅に住み続けたいと希望しています。ご相談を受けてご自宅の土地・建物の評価をしたところ、時価で3000万円程度と分かりました。残債務1300万円を返済していく必要がありますが、充分プラスの相続財産ですので、迷わず相続するようアドバイスしました。

問題は弘さんの住宅ローンの条件です。現在の契約は4％の固定金利で毎月約8万円の返済、完済予定はなんと100歳2ヶ月になっているではありませんか。返済予定表を見て、思わず目を疑いました。

●ローン延長が100歳まで

弘さんは50歳のときに、頭金800万円を入れて家を購入し、銀行から1000万円、旧・住宅金融公庫から2500万円、合計3500万円を借り入れました。銀行のローンは15年で完済しています。住宅金融公庫の方は4％の固定金利、30年の返済期間で完済が80歳と、もともと高齢に達するまで返済が続く予定であった上、ゆとりローンの利用で11年目の61歳以降の返済が重くなる契約でした。60歳以降も小さな会社の役員として勤めていた弘さんは、ローンの返済に困ることはなく、順調に返済を進めていました。

しかし、65歳のとき会社の経営が傾き、役員報酬が激減してしまいました。住宅ローンの返済が厳しくなり、住宅金融公庫から業務を引き継いだ住宅金融支援機構に返済条件変更の相談をしたところ、なんと最長20年の延長が認められ、１００歳まで月８万円のローンが続くことになってしまったのです。

ちょうどこのころに、住宅金融支援機構の「新特例」という、返済に困窮した人に対して貸付条件の変更がしやすい制度がありました。そのため、１００歳で完済という驚くような条件変更が実行され、ローンが継続されている実態があるのです。

弘さんは当時４％の固定金利で借りています。弘さんが借り入れを行ってから金利は下がり続けていました。条件変更をしたころの住宅金融支援機構のフラット35の金利は2・5％前後、一般に借り換えを検討すべきだといわれる基準「金利差１％

以上、残債務1000万円以上、返済期間10年以上」にぴったり当てはまります。やはり高齢になっても住宅ローンが残ることにはリスクがあります。期間延長ではなく、金利の低いローンに借り換えることを検討すべきでした。

陽子さんがローンを引き継ぐ場合、真っ先に考えたいのが低金利の住宅ローンへの借り換えです。相続手続きが済んだら、陽子さん自身の今後のライフプランを検討した上で、借り換えのアドバイスを行う予定です。

この事例で良かったことは、金利が4％という高金利で支払いを続けており、総返済額で考えると損をしていますが、高金利でも返済を続けていたことと、頭金を入れていたことでアンダーローンであったことです。

陽子さんはローンを引き継ぐことになりますが、プラスの資産としてお父様の遺してくれた家に住み続けるもよし、売却して住み替えるもよし、という選択肢をもてるようになりました。

03 先延ばしはいけない！選択肢は増えている

リタイア後を見据えて

リタイア後も住宅ローンを返済している高齢者がどのくらいいるのか、明確な数字は分かりませんが、事例1でご紹介した山田弘さんのケースのような過去の驚くローンの例も含め、高齢者の住宅ローンの返済に関する相談が増えています。

リタイア後は年金が主な収入源ですから、現役時代と同じように住宅ローンを返済するのはもともと無理な話です。政府は働く意思がある人は70歳まで働ける環境を整えようとしていますが、充分な報酬を伴うとは限りません。本人の体力面を考えても、若い人と同じ働き方はできないでしょう。歳を重ねるにつれ、年金以外に収入を得ることはますます難しくなっていきます。

高齢になると年齢がネックで借り換えができず、何がなんでもこのまま返済を続けなくてはいけないと頑張ってしまいがちです。そこで返済額を引き下げるべく、返済期間の延長を選ぶ方もいるのですが、返済期間の延長による月々の返済額引き下げは、問題の先送りでしかなく、解決どころかむしろ不利な方向へ追い込まれることになります。

山田弘さんの場合は娘の陽子さんが同居しており、陽子さんもその家に住み続けたいと希望していました。早い時期に陽子さんと話し合い、陽子さんがローンを引き継ぐ親子リレー返済への借り換えを考えてみる……という選択肢もあったと思われます。

次の章でも詳しく説明しますが、最近はTVコマーシャルでもよく見かけるようになった『リースバック』や『リバースモーゲージ』という方法を取れば、自宅に住み続けながら、直面している住宅ローン返済の負担を大幅に軽減したり無くしたりすることができます。

住宅ローン返済が苦しい場合の借り換えだけでなく、高齢者向けに特化したさまざまな選択肢が広がってきています。自分１人で解決しようとせずに、ご家族や信頼できる専門家に相談して、視野を広げてみることが大切です。

04 老後資金はいくら必要か

◉ 2000万円不足の根拠!?

2019年、金融庁の金融審議会『市場ワーキング・グループ』による報告書がきっかけとなり、「老後資金2000万円不足問題」がマスコミなどで大きく取り上げられました。金融庁としては、「寿命が延びた今、公的年金だけではリタイア後の生活を賄うのは難しいので、不足する資金をそれぞれ自分で見積り、貯蓄や運用によって準備しておく必要がある」と伝えようとしたのですが、「2000万円」という数字だけが独り歩きしてしまいました。

「老後資金が2000万円不足する」ことの根拠は次の通りです。

総務省の家計調査の数字に基づき、高齢夫婦無職世帯の毎月の収入と支出を比較したところ、この報告書のベースとなった2017年のデータでは毎月約5万4000円の不足が生じると分かりました。年間不足額は〈5・4万円×12ヶ月〉で約65万円と見積もられます。

60代前半で退職するとして老後の生活は20〜30年、よって、生活費の不足分の合計は20年で1300万円〈≒65万円×20年〉、30年なら1950万円〈≒65万円×30年〉となり、夫婦で90代まで生きるとすれば約2000万円が必要と計算されたわけです。

しかしながら、これは「2017年の平均値」で計算したものであり、実際には収入も支出も人それぞれ全く違います。2000万円という数字は参考値にすぎませんから、本来はそれぞれ自分の生活に沿って見積らなくてはならないのです。

実際、コロナ禍の2020年の調査では、〝ステイホーム〟で支出が減少した上、10万円の給付があったことが影響し、毎月の赤字額はわずか1541円、30年間でも55万円の不足と計算されました。「2000万円不足」は、その程度の意味でしかありません。

ここでもう1つ注意しておきたいのは、この調査には住宅ローン返済や家賃など住居関連の支出はほとんど反映されていない点です。65歳以上の8割は持ち家であり、家賃を支払っていません。また、ローン返済は「非消費支出」に含まれているはずですが、高齢者のデータではローン返済はほとんどありません。つまり、賃貸に住んでいる人や住宅ローン返済が残っている人は、このデータよりもはるかに赤字が大きくなります。

現役のときと違ってボーナスなどはありませんから、月々の赤字を埋めることは難しく、貯蓄を取り崩していくことになります。生活実感として月3万円程度の赤字なら大したことはないと思いがちですが、月々わずか3万円であったとしてもそれが30年積み重なると1000万円を超えます。

老後の生活資金は想像以上に大きいということを覚えておいてください。

05 住宅ローン完済だけが目標ではない、早めに退職後の生活設計を

雇用の流動化にどう対応するか

住宅ローンは20年、30年と返済が続いていくものですから、契約時点で完済時の自分をイメージすることは難しいと思います。なるべく期間を長くしておいて、「お金が貯まったら繰上返済をしよう」、「退職金で完済しよう」という心づもりで契約する人が多いのではないでしょうか。

しかし、企業は雇用の流動化を志向しており、勤務年数の長いことが有利になっていた従来の退職金制度を見直す動きもあります。実際に、退職金制度がある企業の割合も、退職給付額も、年々減少しています。

子どもの教育費をはじめ何かと出費がかさむ中、繰上返済しないまま定年が近づき、「退職金で完済できるだろうか」「退職金でローンを返してしまったら、手元の現金が心もとない。返済すべきだろうか」と悩む方もおられます。

退職金は老後のための大切な資金です。早めに自分がどれくらい退職金をもらえるのか、会社の制度を確認し、老後生活の収支をシミュレーションした上で、退職金のうちどれくらいをローン返済に充てるのか考えておきましょう。

その結果、住宅ローン返済と退職後の生活の両立が厳しそうだと感じた場合は、今すぐ住宅ローンと将来の住まい方の計画を見直すべきです。返済ができなくなってからでは手遅れです。現役で十分な収入があるときなら、ローンの借り換えを行う、定年後も働く準備をする、など対策を講じることができます。

また、退職後に住み替えを考えているなら、現在の住まいを貸す、売るなど、資産として活用する道があります。

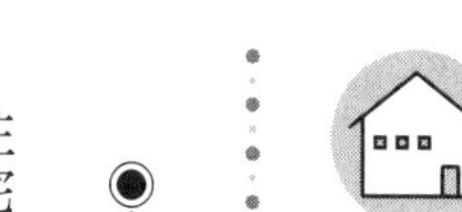

06 「住宅ローンのバランスシート」で現時点の状況を確認する

オーバーローンに陥る原因は?

住宅ローンの返済が厳しいときの解決法はいろいろ考えられます。代表的な選択肢を挙げておきます。

・借り換え
・条件変更
・売却する
・リバースモーゲージ
・リースバック

図4 住宅ローンのバランスシート

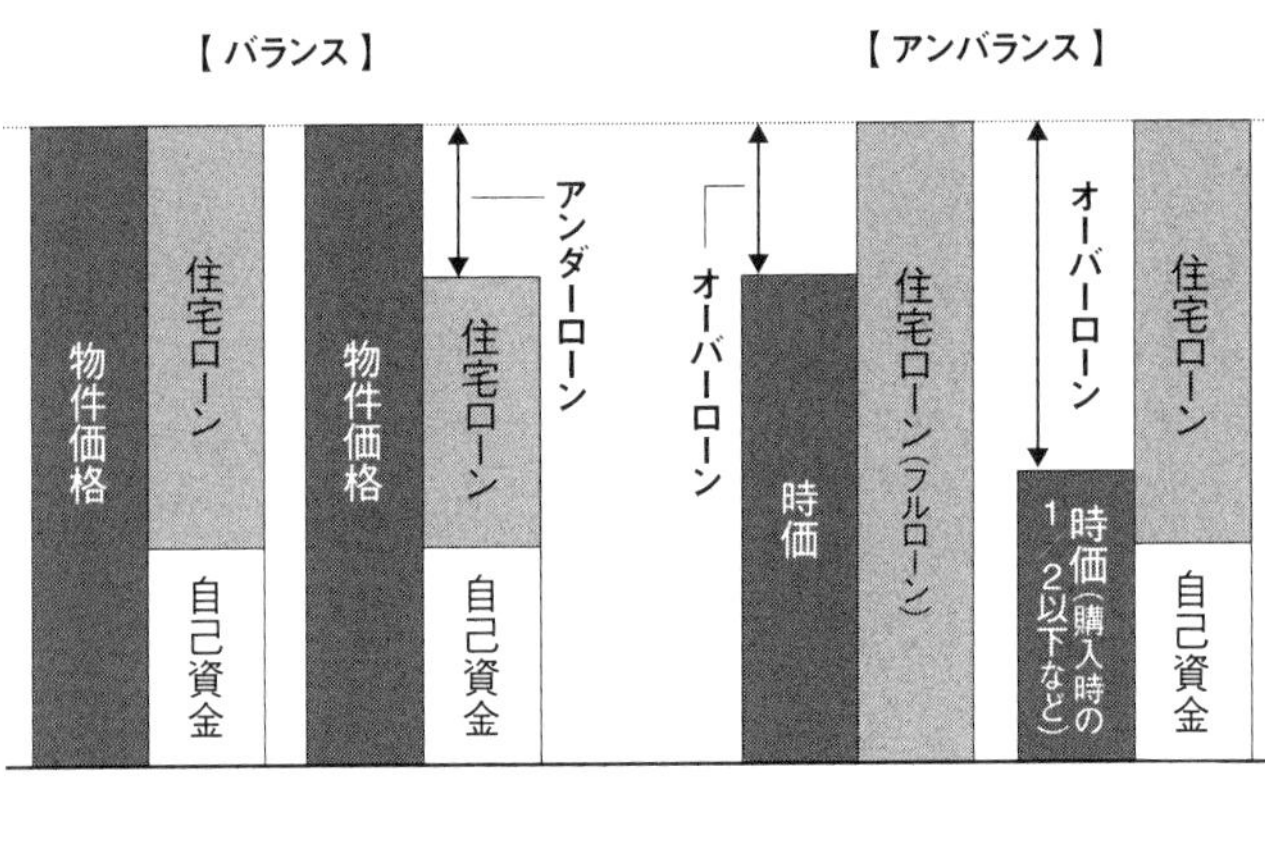

これらの選択肢を検討する前にまず確認しておきたいのは、住宅ローンの残債務と物件の時価との関係です。私はこれを「住宅ローンのバランスシート」と呼んでいます（図4：「住宅ローンのバランスシート」を参照）。

物件の時価が住宅ローンの残債務を上回っていれば「バランス状態」、つまり正常な状態です。売却してローンを完済することができるので、物件を自由に処分することができます。しかし、不動産価格が値下がりし、時価よりも住宅ローンの残債務の方が大きい場合は、売却してもローンが完済できません。これは「アンバランス状態」であり、この状態を「オーバーローン」と言います。

オーバーローンに陥る原因は、主に2つあります。1つは自己資金（頭金）を入れずにフルローンで住宅ローンを組んで購入したことです。新築物件の場合、一部の優良物件を除けば、購入して中古物件になったとたんに時価が下がってしまうことがほとんどです。住宅ローンの返済が始まった時点でオーバーローン状態であり、その後の物件価格次第ではそのままオーバーローン状態が続いてしまう可能性があります。

もう1つは、物件価格の下落が非常に大きい場合です。バブル崩壊直後のように不動産価格が急落し、購入時の2分の1以下といった状態になってしまうと、いくら自己資金を入れていようが、毎月の返済を続けようが、オーバーローン状態は解消されません。「高値で不動産を買ってしまった」「高金利のままで借り換えしなかった」といったことも影響しますが、バブル期のような環境下においてはどうしても避けられないことでもあります。

「アンバランス状態」にあると、いざ「住宅ローンが払えない」となったときに解決手段が限られてしまいます。それぞれの解決策が難しい理由は次の通りです。

・借り換え↓厳しい可能性が高い（返済比率が合わず審査に通りづらい）
・条件変更↓厳しい可能性が高い（一時的なもので問題の先延ばしでしかない）
・売却する↓売却代金で足りない場合、補てんしてローンを完済しなくてはならない
・リバースモーゲージ↓担保評価よりもローンが上回り不可能
・リースバック↓買取価格よりもローンが上回り不可能

もちろん、アンバランスなオーバーローン状態の物件でも、「任意売却」という方法による売却や、親族や知人に頼んで買い取ってもらいリースバックできる可能性はあります。ただし、バランス状態に比べ成功する可能性は低くなります。

ご自身の「バランスシート」の状態は、次の手順で確認できます。

①現在の住宅ローン残高を調べる↓年末残高や償還表（返済予定表）で確認する
②物件の時価を調べる↓インターネットで近隣相場を調べるか、不動産業者に簡易査定を依頼してみる

将来、家という固定資産の資金化を検討することになるかもしれません。不動産価値の変動はありますが、まずは現在のご自身の住宅ローンのバランスシートを確認しておくことが大切です。

07

老後資金の調達手段として自宅の活用（資金化）が注目されている

「定年退職」は人生の大きな節目です。その後もなんらかの形で仕事を続けるとしても、多くの人は定年を境に仕事中心の生活から解放され、以前よりも自由な時間を持てるようになります。そうなると当然、「住まい」に対する考え方や求める条件も変わってきます。

購入するときは長くその家に住みたいと思って多少無理をして買うわけですが、十数年、あるいは数十年経って定年を迎えるころには、仕事や家族の状況が変わり、自宅の場所や環境、間取りなど、必ずしも住みやすいとは思えなくなるケースも少なからずあります。

自宅であるその住居にこれから先も住み続けたいのか、自分にとって住みやすいのか、一度、冷静に考えてみるべきです。ローンがあるから、あるいは頑張ってローンを払ったからと、その住居にこだわるのではなく、今一度まっさらな気持ちに戻して、これから自分がどんな暮らし方を望むのか、ライフプランを明確にして、自分の希望する生活を実現できる住まいを選択すべきです。

ただし、住み替えには資金が必要です。そのとき役に立つのが「持ち家」です。住宅ローン返済中でも完済後でも、自宅は大切な資産です。「マイホーム」を特別視し、資産から除外して考えがちですが、自宅も不動産資産であり、お金に換えることができます。

人生が長くなり、退職後を生きていくのに必要な資金も増大しています。前述した退職後の生活には平均値で２０００万円必要という話が出たときには、「今から２０００万円なんてとても無理」という声が巻き起こりました。しかし、日本人の持ち家比率は約6割、60代以上の世帯では約8割となっています。老後資金に関しては、自宅を資産に含めて考えると「なんとかなりそうだ」と思う人が多いのではないでしょうか。

とはいえ、これは逆に言えば、自宅まで含めて考えないと老後の生活はとても賄えないということでもあります。このように考えると、資産価値の高い自宅を購入し、しっかり住宅ローンを返済していくことがいかに重要か、改めて実感されるでしょう。高齢社会のこのような事情もあって、シニア世代の方々が住宅を資金化する手段は増えています。

その中でも代表的な手法である『リバースモーゲージ』と『リースバック』について、次の章で解説していきましょう。

第２章

マイホームに住み続けながら資金を得る方法

01 退職後の不安を解消するために……

総務省が2021年5月に公表した『2019年全国家計構造調査（2019年10月末実施）』によると、家計純資産総額の平均値は2834万円、うち金融純資産は824万円ですが、宅地（土地）が1614万円、住宅資産が396万円。資産の中で宅地と住宅を合わせた不動産が占める割合が71％と高くなっています。

これは、住宅ローンを組んでマイホームを取得し、多かれ少なかれ無理をしながら頑張って返済を続けてきた結果といえるでしょう。

統計データが示すように、日本では個人の資産が不動産に偏っており、金融資産だけでは長くなった人生を賄っていくのに十分とはいえません。マイホームを売却すれば現金に換えることができますが、それでは新たに住むところを探さなければいけません。

そこで、注目されているのが「住宅資産の流動化（資金化）」です。

退職後も住宅ローンが残っていて返済が苦しい、住宅ローンは完済したものの預貯金が少なく生活費が足りない、でも今の自宅に住み続けたい――という場合の代表的な対策として、最近よく耳にするようになったのが『リバースモーゲージ』と『リースバック』です。

『リバースモーゲージ』と『リースバック』とは一体どんなものなのでしょうか。なんのことか全然分からないというみなさんや、なんとなく分かってはいるんだけど……というみなさんのために、ここで『リバースモーゲージ』と『リースバック』について、ご紹介していきましょう。

02 『リバースモーゲージ』とは?

自宅を担保に老後を快適に！

『リバースモーゲージ』は、自宅を担保にして金融機関から融資を受け、その資金を老後の生活資金に充当するというシニア世代を対象とした融資制度です。契約期間中は返済を行わず、契約者の死亡後に自宅を売却して一括返済する形が一般的です。

「リバースモーゲージ（Reverse Mortgage）」という言葉を分解して日本語に翻訳すると、「リバース（Reverse）＝逆」「モーゲージ（Mortgage）＝抵当（権）、住宅ローン」の意味です。

通常の住宅ローンは借入時の融資残高が返済によって年々減っていくのに対して、リバースモーゲージは当初の残高が最も少なく、追加融資や利息が積み重なることによって残高が増えていきます。このようにお金の流れが逆になることから、「リバース」と名付けられています。

持ち家はあるものの金融資産が少ない場合、自宅に住み続けながら生活費やリフォーム資金などに充てる資金を手にすることができます。

リバースモーゲージの歴史

フランスにおける『ビアジェ』

リバースモーゲージは、『ビアジェ（Viager）』というフランスの特殊な不動産売買契約が始まりだといわれています。ビアジェは、高齢者が住宅を個人に売却し、買主はその対価として一部を一時金で支払うほか、高齢者が生存する限り毎月一定額の金銭を支払い続けるという契約方法です。しかも売主である高齢者は家賃を支払うことなく、その住宅に終生住み続けることができるという仕組みです。高齢者にとってはいわば終身年金のようなもので、長生きしても安心です。一方で買主にとっては、売主が長生きすればするほど不利になる反面、想定より早く亡くなれば通常よりも安く住宅を取得できるというメリットがあります。

高齢である売主の寿命次第で買主の損得が決まるというギャンブル的な要素があり、日本人から見ると犯罪にもつながりかねないのではないかと危惧されますが、フランスでは長い歴史があり、不動産売買の一形態として根付いているようです。

ビアジェは古代ローマ時代の慣習法にその起原があり、フランスでは民法典に成文化されています。さらに、不動産売買契約は必ず公証役場において公証人立ち合いの下で締結されるため、ビアジェのような複雑かつ特殊な契約も法律上の安全が担保されます。そのため、フランスにおけるビアジェの契約は年間4000件以上とも6000件以上ともいわれ、年々増加傾向にあります。

●日本におけるリバースモーゲージの歴史

日本におけるリバースモーゲージは、1981年に東京・武蔵野市が社会福祉制度の一環として導入したことが始まりです。

当時は介護保険制度がなかったため、武蔵野市は武蔵野市福祉公社を設立し、看護師の訪問や家事や食事のサービス、緊急時の対応など高齢者の在宅生活を援助する有償在宅福祉サービスを開始しました。同時に年金などによる現金収入が少なく福祉サービスの利用料を支払うことが難しい高齢者を対象に、所有する自宅不動産を担保に市が融資して在宅生活を続けられるようにする福祉資金貸付事業を始めたのです。一戸建ての場合は土地の評価額の80％、マンションは評価額の50％が貸付限度額として融資が行われ、市の福祉サービスの利用料のほか医療費や住宅リフォーム費用など、毎月の生活に必要な資金を手にすることができました。契約者が存命の間は返済が不要で、死亡時に元金と利息を合わせて一括返済することになっていました。

しかし、バブル崩壊やリーマンショックによる地価の下落、長寿化による融資の長期化などで、２０１０年度には担保の不動産を処分しても貸付金を回収できない事例が発生しました。

武蔵野市の場合、税金を原資とする市の一般財源から融資を行う形であったことも問題視され、約２０００万円の損失を出して２０１３年に制度は廃止となりました。１９８１年の制度創設以来の利用は１１９件、約17億円でした。

１９８０年代半ばには三井信託銀行をはじめとする信託銀行各行がリバースモーゲージを商品化しましたが、１億円以上の不動産を保有している富裕層を対象としていたために普及せず、バブル崩壊とともに撤退していきました。

１９９０年代に入ると東京・世田谷区の世田谷ふれあい公社が、金融機関と提携して融資を行う間接方式のリバースモーゲージを始めました。高齢者は金融機関と契約して融資を受けますが、契約期間中に発生する利息は自治体が立て替えて支払います。そして契約者が亡くなったときに金融機関は元本を、公社は利息部分を一括して回収するという形でした。

続いて、東京都のほかの自治体や公社、大阪府、兵庫県の一部の自治体や公社が同様に福祉貸付制度としてリバースモーゲージを導入しました。しかし利用実績はあまり伸びず、そんな中で２００２年に厚生労働省が、厚生労働省による長期生活支援資金貸付制度を開始しました。すると自治体独自のリバースモーゲージは姿を消していきました。

その2002年に始まった不動産を担保とする生活資金貸付制度は、初めての全国規模の公的リバースモーゲージといえます。各都道府県の社会福祉協議会を通して低所得の高齢者世帯のうち一定の居住用不動産を所有している人に、その不動産を担保として生活資金の貸し付けを行う制度です。

融資限度額は土地評価額の70％で、マンションは対象となりません。現在は、生活福祉資金貸付制度の中の「不動産担保型生活資金」と位置付けられています。2007年には生活保護が必要であると認められた要保護世帯向けの「不動産担保型生活資金貸付制度」が追加されました。要保護世帯向けの貸し付けはマンションも対象になります。

金融機関のローン商品としては、2005年に東京スター銀行が『充実人生』という名称でリバースモーゲージの販売を開始し大々的に広告宣伝を行ったことで、リバースモーゲージの認知度が一気に高まりました。その後、高齢化社会の進展とともにメガバンクをはじめとする金融機関で、リバースモーゲージを取り扱うところが増えています。

◉——リバースモーゲージの仕組み

それではいよいよリバースモーゲージの仕組みについて詳しく見ていきましょう。

リバースモーゲージは、高齢者が自宅を担保に生活資金を借り入れ、死亡したときに担保の不動産を処分して借入金を一括返済する形の不動産担保ローンです。

高齢になるとお金が必要になっても新たにローンを組むことは困難です。収入が年金などに限られており、返済が困難であると判断されるからです。しかし、日本は持ち家比率が高く、特に65歳以上の高齢者では約8割の人が自宅を所有（総務省統計局『住宅・土地統計調査』・平成30年）しています。そこで持ち家を担保として、その担保の評価価格の範囲内で返済しないことを前提としたローンが、商品化されました。

持ち家であれば自宅を売却して現金化することも考えられますが、高齢者は賃貸物件を借りるのが難しいことや、支払う家賃が発生することを考慮すると先々の不安があります。その点、リバースモーゲージであれば、自宅を所有し住み続けながら生活資金を手にすることができるのです（図5：「リバースモーゲージの仕組み」を参

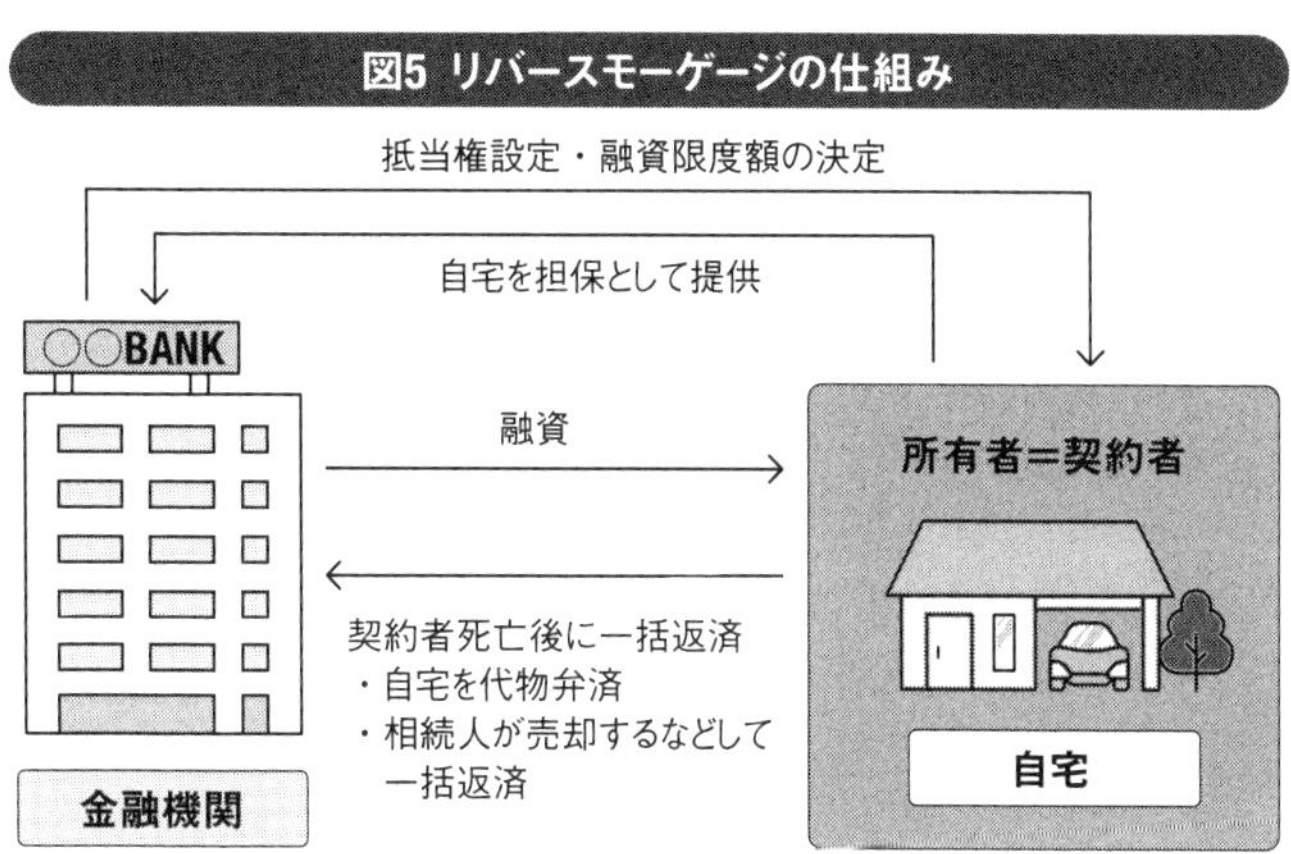

照）。

リバースモーゲージは取り扱う金融機関や事業者などによって、融資条件や資金の受け取り方、返済方法などが異なりますが、大きく分けると、

①金融機関など民間事業者のローン商品
②自治体などによる社会福祉としての
　高齢者向け公的貸付制度

があります。右記の2つを詳しく見てみましょう。

●金融機関など民間事業者のリバースモーゲージ

2005年、東京スター銀行のリバース

モーゲージ『充実人生』の発売以降、リバースモーゲージを取り扱う金融機関が増えてきました。特に、住宅金融支援機構の『リ・バース60』の仕組みを活用した商品は、主要都市だけでなく全国が対象であり、地方銀行や信用金庫など多くの金融機関が販売しています。

『リ・バース60』では、住宅金融支援機構の住宅融資保険を利用して、金融機関の貸し倒れリスクを軽減しています。万が一、契約者が返済できなくなった場合には、住宅融資保険契約に基づいて、住宅金融支援機構から金融機関に残った元金の全額が保険金として支払われます。その後で住宅金融支援機構が担保物件を売却し、資金を回収する仕組みです。住宅融資保険は、金融機関の住宅ローンの損害を填補(てんぽ)するものであるため、『リ・バース60』の資金の使途は、住宅の建築・購入・リフォーム・住宅ローンの借り換えなど住宅に関することに限定されます。また、通常、リバースモーゲージは既に保有している自宅を担保とするのに対して、これから新たに購入する住宅を担保として借り入れることもできます（**図6**：「住宅融資保険によるローン債権保証の仕組み」を参照）。

図6 住宅融資保険によるローン債権保証の仕組み

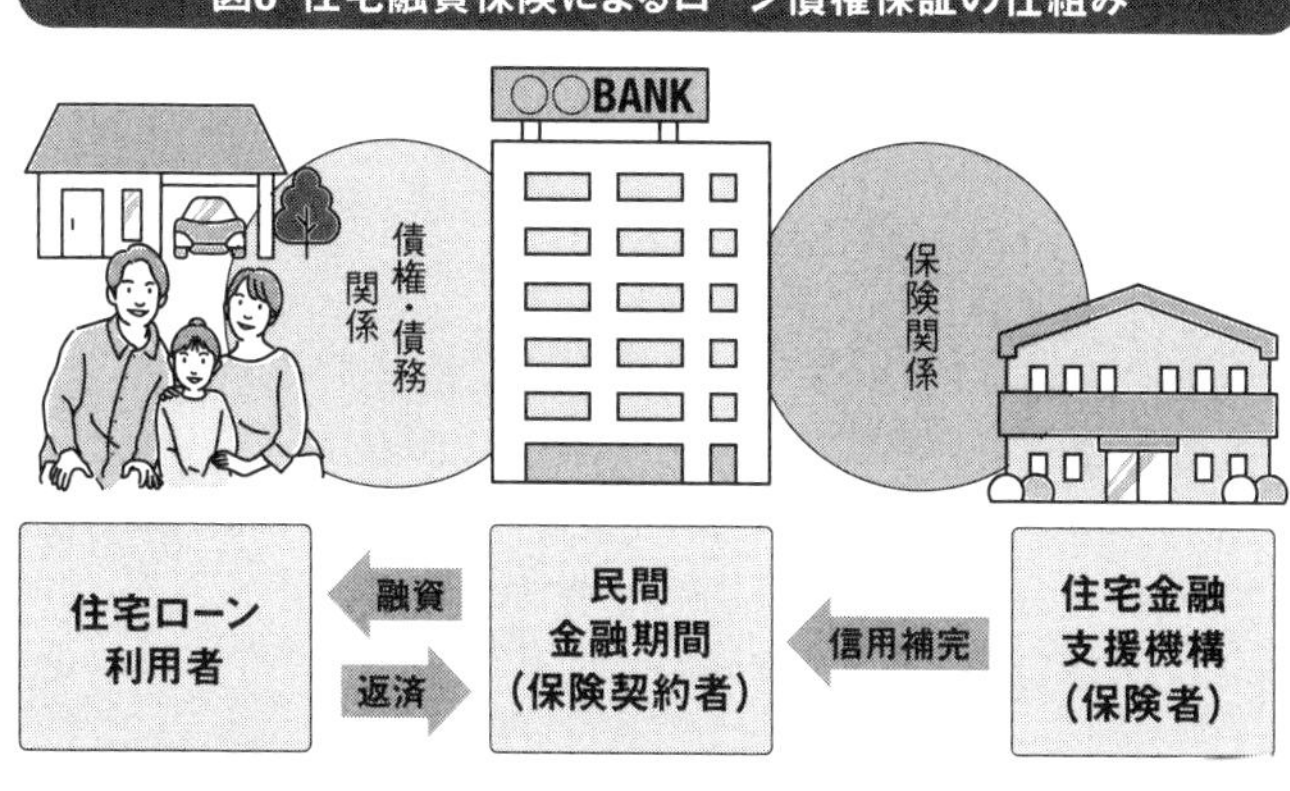

●―主な融資条件

※（注）金融機関によって融資条件が異なります。

＊契約者の条件

契約時の年齢が55歳以上、あるいは60歳以上など高齢者に限定されています。

本人名義の自宅不動産を所有していること。

単身または配偶者と夫婦のみで居住していること。多くは配偶者にも年齢制限があり、子どもや親族が同居していると利用できません。

＊担保となる持ち家

土地付きの一戸建て住宅が中心。エリアや条件を限定してマンションを対象とする商品もあります。担保評価額が２０００万円以上など評価額の下限を設ける金融機関もあり、事実上、都市部の土地付き一戸建てに限定されるともいえます。

✴資金の用途

住宅関連資金のほか、生活費の補てん、医療費、レジャー資金など原則として使途は自由というものが多いです。

『リ・バース60』のように住宅の建築、購入、リフォームや住宅ローンの借り換え、サービス付高齢者向け住宅への入居一時金など目的を住まい関係に限定するものもあります。

事業資金や投資資金には使えません。

✴融資金額

金融機関による担保物件の担保評価額に基づいて融資限度額を決定し、限度額に達するまでは追加借入が可能です。

受け取り方は、一時金でまとめて受け取る、年1回または毎月など定額で受け取る、あらかじめ決められた限度額の範囲内で必要に応じて受け取るなど、ニーズに合わせて選択できます。

『リ・バース60』の融資金額は、①担保不動産評価額の50～60％（長期優良住宅の場合55～65％）②8000万円、③住宅のために必要な金額、この中の最も低い金額となります。また、融資資金は契約時に一括で受け取ります。

✴返済方法

毎月利息のみ支払うか、月々の支払いはナシで利息を元本に加算していき、契約者が亡くなった後に相続人が担保物件を売却して融資残高を一括返済します。相続人が現金で返済する場合は、物件を売却する必要はありません。

✴金利

変動金利が主流ですが、2023年4月から、みずほ銀行が初となる固定金利型

（固定期間10年または20年）の取り扱いを始めました。

毎月利息のみ支払うタイプと利息を元金に加算していき、亡くなった後に元金と利子の合計を一括返済するタイプがあります。

＊リコース型とノンリコース型

契約者死亡後に相続人が一括返済する際、不動産価格が下がっていると担保物件を売却しても完済できないという事態が起こり得ます。そのとき、相続人が不足分の返済義務を負うのが「リコース型」、不足分の返済は不要となるのが「ノンリコース型」です。つまり、「ノンリコース型ローン」（非遡及型融資）は、担保物件の売却で借入金額を返済しきれない場合でも、さかのぼって不足分の責任を負わされることのないタイプの融資です。ただしリコース型に比べて、金利が高い、あるいは融資額が低くなるといったデメリットがあります。

『リ・バース60』にはリコース型とノンリコース型がありますが、住宅金融支援機構によると、約99％がノンリコース型を選択しているそうです。２０１７年度に

『リ・バース60』にノンリコース型ができたことで、利用者が大きく伸びています。

＊配偶者への引き継ぎ

担保物件に夫婦で住んでいる場合、契約者が亡くなった後も配偶者が住み続けたいと考えている方も多いと思います。リバースモーゲージは契約者が亡くなった時点で契約が終了し、一括返済するのが原則です。配偶者がローンを引き継いで住み続けられるかどうかは、金融機関や商品、その時の配偶者の状況によって異なります。

あらかじめ同居の配偶者が連帯債務者になっていれば、原則としてそのままローン契約は継続しますが、融資の条件は見直しをされます。たとえば夫が亡くなったことで年金収入が減った場合は融資限度額が引き下げられ、夫が限度額いっぱいまで借り入れていたときは差額の返済を求められる可能性があります。

連帯債務者ではない配偶者が一括返済せずに住み続けたいという場合は、配偶者が契約者として借り換えることになります。新たにリバースモーゲージを申し込んで審査を受けることになりますが、状況によっては審査が通らないこともあります。ですので、あらかじめ契約者が亡くなった後の配偶者の住まいについて考えた上で、契約時に契約内容をよく確認し、将来のさまざまな状況を想定して相談しておく必要があります。

✴相続人の同意

契約者や配偶者の法定相続人のうち1人、金融機関によっては全員の同意が必要となります。

●自治体などによる高齢者向け公的貸付制度

✴国の生活福祉資金貸付制度の1つとしての不動産担保型生活資金貸付

低所得の高齢者世帯や生活保護の対象となる高齢者世帯で持ち家があり、将来もそこに住み続けたいと希望する場合、その自宅を担保として都道府県社会福祉協議会が低金利（年３％または長期プライムレートのいずれか低い利率）で、生活資金の貸し付けを行います。

本人が亡くなった後に自宅を売却して返済することを前提としているため、住み慣れた自宅に住み続けながら、他の公的貸付制度よりも長期にわたって資金を手にすることができます。

＊低所得の高齢者世帯向け「不動産担保型生活資金」

対象となるのは本人が65歳以上の単身世帯か、65歳以上の配偶者、本人または配偶者の親と同居している世帯です。子どもと同居している場合は、対象外となります。低所得と認められる具体的な世帯年収は同居している家族の人数や状況によって異なりますが、おおむね住民税が非課税の世帯です。

担保にできる不動産は土地の評価額が１５００万円以上（貸付額が少ない場合１０００万円以上）の土地付き一戸建て住宅に限られます。貸付額は毎月30万円以内で、担保評価額の70％に達するまで融資が受けられます。相続人の中から連帯保証人が必要となります。

相談窓口はお住まいの市区町村社会福祉協議会です。

＊「要保護世帯向け不動産担保型生活資金」

65歳以上の高齢者世帯で生活保護の対象となっている場合、持ち家があれば生活保護を受ける前に、まずこの貸付制度を利用します。貸付限度額に達し、貸し付けが終了した後、要件を満たしていれば生活保護が適用されます。

担保にできるのは評価額５００万円以上の居住用不動産で、マンションも対象となります（マンションの場合は評価額の50％まで）。貸付額は生活扶助額の１・５倍以内で、連帯保証人は必要ありません。

相談窓口は、お住まいの場所を管轄する福祉事務所です。

これらの「不動産担保型生活資金」はリバースモーゲージの仕組みを利用した公的な貸付制度です。民間のリバースモーゲージがある程度の収入がある人を対象としているのに対して、収入が非常に少ない人のためのものです。対象となる不動産に抵当権が設定されていないことが条件になっていますので、住宅ローンが残っている状況では貸し付けを受けることはできません。

◉――リバースモーゲージのメリットと注意点

リバースモーゲージのメリットとして、事業資金や投資資金でなければ使途は自由なところが多く、生活資金の補てんであれば定期的に受け取る形、自宅のリフォームや高齢者施設への入居一時金であれば一括で受け取る形など、ニーズに合わせて利用することができる点があります。

ノンリコース型の商品なら、担保物件の売却で完済できなくても相続人にそれ以上の負担が及ぶことはないので安心です。子どもに自宅を遺したいと思わないのであれば、自宅の資産価値も現金に換えて自分のために使ってしまおうという考え方もアリでしょう。

リバースモーゲージは老後資金が足りなくなった場合の最後のよりどころであると同時に、上手に利用すれば新しい価値観を実現する手段にもなるでしょう。

具体的なメリットを挙げておきます。

①住み慣れた自宅に住み続けながら、資金を手にすることができる。

②生きている間は元本の返済は求められないので、ローンを借りたことによる負担増は全くないか、金利支払い分のみ。

③資金の使途（事業資金以外）は自由なので、趣味や娯楽など、老後の人生を豊かに過ごすために使うこともできる。

④一括融資のほか、毎年必要な資金を受け取るタイプなどニーズに合わせて選択できる。

⑤収入は、年金だけでも利用できる。

注意すべき点

大きなメリットの一方で、リバースモーゲージには注意したい3つのリスクがあ

ります。それは

①幸いにも長生きをされた場合のリスク。
②金利が上昇するリスク。
③担保不動産の価格が下落するリスク。

になります。

①の長生きによるリスクとは、長生きして契約期間が長くなると、その分利息を支払い続けることになり、総返済額が増大してしまうというものです。リバースモーゲージは元本返済を行わないため、時間が経過しても利息は減りません。利息を支払わずに元金に加算していくタイプだと、もともと借り入れた金額はそれほど多くなくても借入残高が積み上がって限度額に達してしまう可能性があります。

②については、リバースモーゲージは変動金利型がほとんどなので、金利が上昇する状況となった場合に適用される金利が上がっていきます。その結果、毎月金利を支払うタイプだと支払う利息の金額が増え、負担になる恐れがあります。もしも

の場合に払いきれずに延滞してしまうと、一括返済を求められて自宅を失う事態にもなりかねません。金利の支払いが無いタイプの場合は元金に加算される利息が増え、早く融資限度額に達してしまう可能性があります。日本では今以上の金利低下は見込めませんので、今後の金利上昇は考慮しておくべきです。

最後の③の担保不動産の価格下落については、ノンリコース型であれば返済時に担保不動産を売却しても完済ができないというリスクはカバーできます。ただし、評価額は年1回ほど見直しがあり利用限度額が変動するため、契約期間中にもリスクがあります。借入限度額を超えては融資が受けられないばかりか、評価額が借入残高を下回った場合、超過分の返済を求められますので、注意が必要です。

ご紹介したこれら3つのリスクは、裏返せば貸し手側のリスクでもあります。長生き、または金利が上がりすぎたりして利用者が利息を支払えなくなることや、担保価値が下がってしまうことは不良債権化につながります。そのため、リバースモーゲージは担保評価が厳しく、将来にわたって安定して高い評価額が見込める物件でないと認められません。また、担保物件を売却しても回収できないという事態を防ぐために、融資限度額は低めに設定されており、利用者にとっては思ったほど借りられないケースもあります。

主な借り入れの際の注意点には次のようなものがあります。

・担保にできる物件は土地付き一戸建てがメインで、マンションが対象になる金融機関は少ない。
・担保物件の評価額に、条件が付いている場合がある。
・融資条件として物件のエリアを限定していない場合でも、融資実績を見ると、首都圏や関西圏の大都市部が中心。
・本人と配偶者以外に同居人がいると利用できない。
・本人が亡くなった後、配偶者が住み続けられるかどうかを確認しておく必要がある。
・自宅を売却して返済する前提であるため、あらかじめ相続人に同意を得ておく必要がある。
・リコース型の場合、相続人に負担が発生する可能性がある。

なお『リ・バース60』は住宅の新築や新たな物件購入にも利用でき、一般の住宅ローンに近い商品ですが、団体信用保険には加入できないことや元本返済が無いため、住宅ローン控除の対象にならないということに注意が必要です。

リバースモーゲージは終身にわたる契約であり、寿命を正確に予想することができない以上、借り入れるときには長期的な収支のシミュレーションを行い、慎重に検討していただきたいと思います。施設に入居して自宅に戻ることはない状態になったら自宅を売却して精算するなど、あらかじめローンの出口を考えておくことも必要です。

最近の動向は？

リバースモーゲージの利用が少ないのはなぜか？

2015年に私が『老後破産で住む家がなくなる！ あなたは大丈夫？』という本を出版したとき、最も多かったのがリバースモーゲージについての問い合わせでした。

しかし、リバースモーゲージはさまざまな理由で成立しないことが多く、世の中の関心の高さほど利用されてはいません。

下記の「リバースモーゲージを諦めた理由」にあるように、リバースモーゲージの融資額が少なくさまざまな条件が付いているのは、貸し手である金融機関がリスクヘッジとして対策を行っているためです。契約者が長生きをされることや、金利上昇による融資額の増加、担保不動産の価格下落は、担保割れのリスク増大につながります。

加えて、高齢者と取り引きすることによる判断能力などの問題や、本人が亡くなった後に相続人が一括返済するという仕組み上、相続人とのトラブルも想定されます。

このように、リバースモーゲージは予測できない要素が多く、金融機関にとってはリスクの大きい融資なのです。

【リバースモーゲージを諦めた理由】

- 期待したほどの金額が調達できない
- 相続人の同意が取れない、そもそも面倒
- （金融機関によっては）遺言信託の契約を条件にされ、それが嫌だった
- 郊外や地方の物件やマンションなど対象外となる物件が多い
- ある程度の年金収入が無いと審査が通らない（自営業でほぼ無年金の人）

その点、住宅金融支援機構の『リ・バース60』は、住宅金融支援機構の住宅融資保険で元本部分が保証されており、金融機関にリスクはありません。最近、リバースモーゲージが増えているのは『リ・バース60』を扱う金融機関が増えた結果です。

2017年4月から『リ・バース60』にノンリコース型が追加されたことも、利用の拡大に寄与しています。金融広報中央委員会のサイト『知るぽると』(https://www.shiruporuto.jp/public/)の記事によると、『リ・バース60』の申し込みのうち約99%がノンリコース型だそうです。リコース型に比べて金利が高いにもかかわらず、ほとんどの人がノンリコース型を選択しているのです。

リバースモーゲージはその性格上、本人は債務を残したまま亡くなることになります。金融機関の融資条件が厳しいため、実際には担保割れのリスクは小さいと思われますが、それでも借り入れをした本人は配偶者や子どもたちに迷惑をかけないかと心配なのでしょう。ノンリコース型の導入によって利用者の心配事を1つ解消できたことは、利用者側にとってのハードルを下げ、利用促進につながったと思われます。

03 『リースバック』とは？

●―それでも自宅に住み続けたい！

『リースバック』は正式名称を『Sale and Lease Back（セール アンド リース バック）』といいます。現在所有している不動産を売ると同時に買主と賃貸借契約を行い、その不動産を借りる手法で、直訳すると「セール（Sale）＝売る」そして（&）「リースバック（Lease Back）＝借り戻す（再び借り直す）」という意味です。

通常、自宅を売却すると、そこを引き払い家を空にして買主に引き渡さなければなりません。リースバックを利用すると、自宅を売却後も売却した相手である買主から賃借することで、自宅だった物件にそのまま住み続けることができるという仕組みです。

リースバックを利用する人の具体的な理由は、次の通りです。

・自宅資産（固定資産）があっても、手持ちのお金（流動資産）が少ない。
・リバースモーゲージでは担保とする自宅に思うような評価が出ず、想定した資金調達ができない。
・信用情報などに傷があり、なかなか金融機関の審査に通らない。
・借金を整理したい。
・自宅の資産は生きているうちに使い切りたい。
・家を売却して老後資金にしたいが高齢で賃貸物件が借りられない。
・賃貸物件で条件に合った物件がない。
・寝たきりの家族がいて引っ越しできない。　など

リースバックは、これらの条件を抱えながら、それでも自宅に「住み続けたい」という人のニーズに対応します。それではリースバックについて、もう少し詳しく解説していきましょう。

◉――リースバックの利用が広がった理由

『リースバック』という言葉は現在では不動産業者のＴＶコマーシャルや電車広告、インターネット広告などで頻繁に見かけるようになり、個人の不動産取引の１つの形態として一般化しつつあります。特に近年頻繁に見るようになった言葉のため、一見、最近生まれたサービスのようにも見えますが、昔からある売却手段でした。

リースバックは主に法人の決算対策や資金調達の目的で使われてきました。法人にとってのメリットは、融資と違って業績に関係なく資金調達ができること、借入れの場合は利息しか経費として計上できないのに対して、リースバックなら家賃が全額損金計上できること、不動産を貸借対照表から外すことで自己資本比率アップが図れて資金調達がしやすくなること、売却してもそのまま事業所を賃貸で使い続けられることなどが挙げられます。

最近ではコロナで打撃を受けた大手旅行会社のエイチ・アイ・エスが本社をリースバックしたほか、広告大手の電通や芸能事務所エイベックスなどもリースバック方式により資金を調達し、賃貸で社屋をそのまま使用しています。

個人も同じで、自宅資産はあるものの手持ちの資金が少ない人の資金調達の手段として利用が増えています。資金が必要だが信用情報などに傷があり、なかなか金融機関の審査に通らない人や借金を整理したいという人でも、自宅の売却なら買主さえいれば資金調達ができます。とはいえ、自宅を売るのは躊躇する人が多いものです。ですがリースバック方式なら住む家が確保できるため、抵抗感が軽減されるようです。特に高齢者の場合、リバースモーゲージでは担保評価が低く想定した金額の融資が受けられないことが多いため、シニアの資金調達手法として広がっています。自宅資産も含めて生きているうちに使い切りたいというニーズや、高齢で賃貸物件が借りられない、保証人がいないといった悩みに対応できることが魅力です。

実際、やむを得ない事情で自宅を売却し、リースバック方式で賃貸契約をして住んでいる人は結構います。冒頭でも少し触れましたが、どうしても今の家に住み続けたい、寝たきりの親がいる、子どもの学校のことで引っ越したくない、ペットがいるので賃貸物件に住むのが難しい、近所に売却したことを知られたくない……など、理由はさまざまです。わざわざ近隣の人の不動産謄本を確認する人はいないので、売却してもそのまま住んでいれば、近所の人にはまさか売ったとはバレないわけです。

地方都市などでは家を売ったというだけで噂になりやすいことを恐れる人がいることや、加えて賃貸物件も大都市圏と比べて多くないということもあり、リースバックを希望する人が多かったりします。次の項ではリースバックでトラブルに遭わないための知識や知恵をご紹介します。

リースバックを利用するための基礎知識

リースバックの仕組み

リースバックの基本は自宅不動産の売却です。買い手となるリースバック事業者と合意すれば契約成立となるため、リバースモーゲージなどの不動産担保ローンと違って、どんな不動産でも現金化が可能です。

しかし、売買価格や諸条件などは売り手と買い手で自由に決められるだけに、売

図7 リースバックの仕組み

⑤売却と同時に賃貸借契約（普通・定期）
⑥そのまま住み続ける
⑦家賃支払
住み慣れた自宅での暮らし
※数年後に買い戻す場合（再売買予約の覚書など）
①売却・任意売却
信頼できる買主
②売却代金受け取り
自宅
売却代金
その他債務
住宅ローン銀行など
○○BANK
③債務返済など
④抵当権などが設定されていれば解除

却する前に自宅の時価や賃貸で借りる場合の家賃相場について調べておく必要があります（図7：「リースバックの仕組み」を参照）。

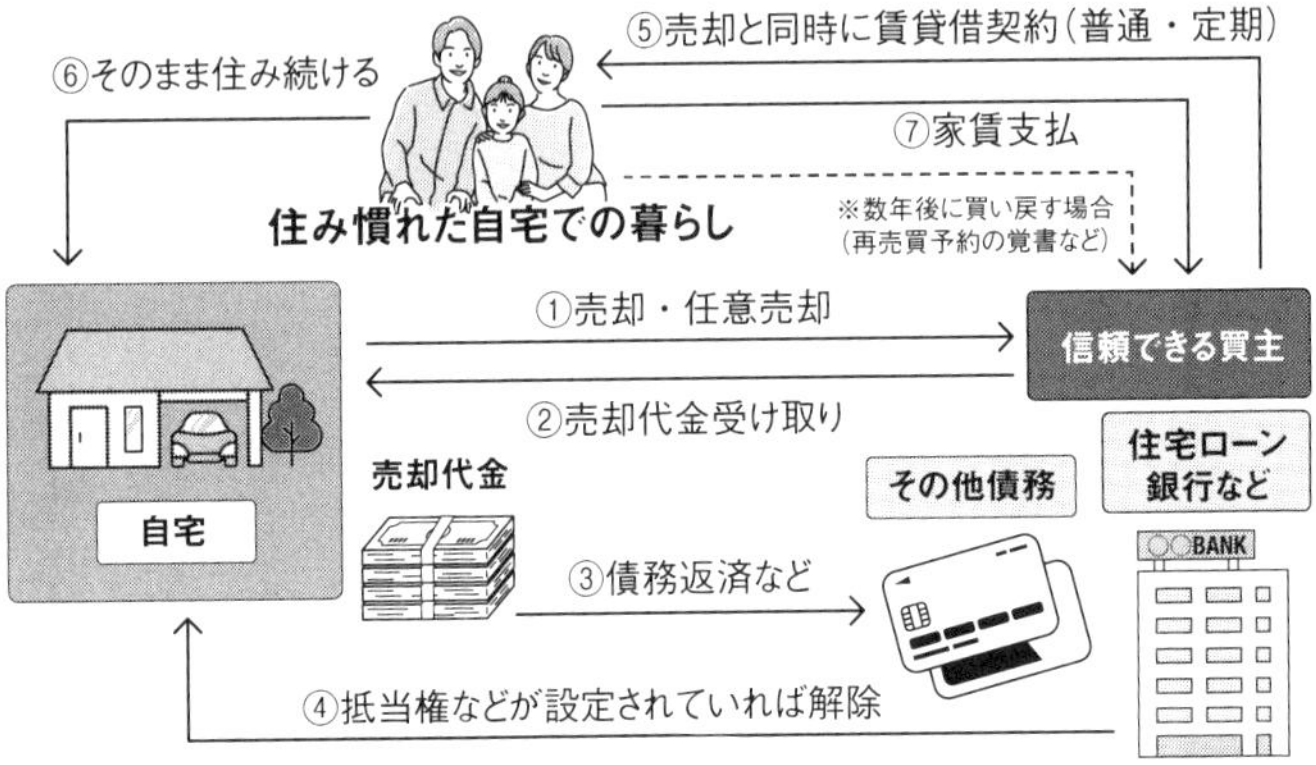

●自宅の価値を知る
～そもそも不動産の価格とは

不動産の価格は「一物五価」といわれており、1つの不動産に対して5通りの価格の算出方法があります。これから紹介する価格のうち、①の実勢価格（時価）は、特にリースバックをする上での指標になる価格です。

所有している自宅を担保に融資を受けるリバースモーゲージも、融資額は自宅の評価額から決まります。不動産の価格がどう決まるのかを知っておくことは、判断の材料にもなります。

それでは5通りの価格の算出方法を見ていきましょう。

①実勢価格（時価）

「実勢価格」とは、実際に取り引きが成立した価格のことです。

いわゆる不動産の時価のことで、売り手と買い手の間で需要と供給が釣り合う価格をいいます。

通常、不動産市場に出ている価格を「売出価格」、実際に成約した価格を「成約価格」と呼びます。この成約価格がつまりは実勢価格です。

不動産広告に掲載されている販売価格は、実際に取り引きが成立するまでは売主の希望価格であり、必ずしも実勢価格とは一致しません。

取り引きが行われ成立した場合にはその金額が実勢価格になりますが、取り引きが無い場合には、周辺の取引事例や公的データ（公示地価、固定資産税評価額、路線価など）から推定します。

自宅の価格を知るためにはインターネットで周辺の土地や中古戸建の情報を見て、土地の坪単価を見たり、マンションであれば相場が出ていたりするので、そこで大体の相場観を見ることができます。

ただそれは売出価格なので、売れる正確な金額ではありません。

正確に知るためには不動産会社に査定を出すことが一番ですが、不動産会社も売却を任せて欲しいからと相場よりも高い査定を出したり、買い取りをしたいからと安い価格を提示してきたりするので注意が必要です。

不動産会社が売り手と買い手を仲介する際の価格を１００とした場合、自社が買い取る際の買取価格は70～80と安くなります。リースバックで専門業者を利用する場合は、不動産会社の買取価格が基準となります。

必要条件を入力すると複数の不動産業者が一度に査定をしてくれるという「一括査定サイト」もありますが、このようなＷｅｂサービスはいろいろな不動産業者に情報が出回ってしまうリスクがあり、あまりおすすめはできません。売却するつもりがないのに査定を出すと、あとからしつこく営業の電話がかかってくることもありますし、家族に内緒で金額を調べたつもりが、電話やダイレクトメールが来てバレてしまう可能性もあります。

もちろん優良なサイトもありますが、なかなかその判断は難しいところでしょう。

おすすめは、不動産業者1社か2社に「今は売る予定はないけど」ときちんと前置きしてから、「価格を知りたいので大体の相場や査定をしてもらいたい」と伝えることです。

②公示地価

「公示地価」は、国土交通省が公示する「標準地」の価格のことです。

公示地価は、住宅地、商業地、工業地など用途ごとに、所在地・地番・地積・形状・土地の利用状況などとともに標準地の1平方メートル当たりの単価が表示されています。

全国からそのエリアの地価水準を代表する「標準地」として選定された地点（令和5年地価公示では、26000地点で実施）については、毎年1月1日時点の地価を2人以上の不動産鑑定士が別々に鑑定評価を行います。その上で、土地鑑定委員会が判定して決定された地価を、毎年3月下旬に公示します。

公示地価は一般の土地取引の指標としてだけではなく、公共事業用地の取得価格算定の基準や、土地の相続評価及び固定資産税評価の基準とするために公表されています。

公的に公表されている価格では一番「時価」に近いとされており、同じ土地で毎年地価が公示されるので、地価の上昇や下落の状況も分かります。ただし、時価は実際に取り引きされる価格で個別要因によって変動するため、公示地価よりも時価が高いケースが多々あります。

国土交通省のＨＰ『標準地・基準値検索システム』をご自身で調べることができ

ます（https://www.land.mlit.go.jp/landPrice/AriaServlet?MOD=2&TYP=0）。

③基準地価

「基準地価」は、各都道府県が選んだ「基準地」（公示地価は標準地）を各都道府県知事が毎年判定している価格のことです。

正式には「都道府県基準地標準価格」といい、毎年7月1日時点の土地価格の調査を基にしています。国土交通省が公表する公示地価と同様な公的な指標です。

公的に公表されている価格では公示地価と同様に一番「時価」に近いとされていますが公示地価とは違い、都市やその周辺地域という縛りがありませんので、公示地価の補完的な指標といえるでしょう。公示地価と同様で、時価との価格の差が大きいケースもあります。

公示地価と同じく、住宅地・商業地・工業地など用途地域ごとに各地区の基準地が選ばれ、1平方メートル当たりの単価で表示されますが、価格を算定する不動産鑑定士は1名以上となります。

また、公示地価と基準地価で重複することもあり、ポイントが同じなら、同じ土地が毎年1月1日と、7月1日の年2回鑑定されるため地価の変化がより早く分かります。

こちらも公示地価同様に国土交通省のHP『標準地・基準値検索システム』で、ご自身で調べることができます（https://www.land.mlit.go.jp/landPrice/AriaServlet?MOD=2&TYP=0)。

④路線価

「路線価」は、国税庁が算定した相続税や贈与税の課税基準となる土地の価格のことです。

図8 公示地価・基準地価・路線価・固定資産税評価額の違い

	公示地価	基準地価	路線価	固定資産税評価額
調査主体	国、国土交通省、土地鑑定委員会	都道府県	国税庁	市町村（23区は東京都）
価格の決め方	1地点につき不動産鑑定士2名以上による鑑定評価を基に決める	1地点につき不動産鑑定士1名以上による鑑定評価を基に決める	公示地価や売買実例価格、不動産鑑定士などによる鑑定評価額などを基に決める	固定資産評価基準に基づいて市町村が決める
評価時期	毎年1月1日時点	毎年7月1日時点	毎年1月1日時点	3年毎
発表時期	毎年3月下旬	毎年9月下旬	毎年7月1日	毎年4月初旬
価格の基準	時価に近い価格	時価に近い価格	公示地価・基準地価の80%程度	公示地価・基準地価の70%程度

土地の価格が、その土地が面している道路ごとに設定されているので「路線価」といいます。

国税庁では全国40万地点の道路を標準地に選び、公示地価や売買実例価格、不動産鑑定士などによる鑑定評価額を参考にして道路の価格を決定します。

路線価は毎年1月1日を評価時点として、7月に発表されます。路線価は毎年変わりますが、公示地価の8割程度が基準となっています。

（**図8**：「公示地価・基準地価・路線価・固定資産税評価額の違い」を参照）。

⑤固定資産税評価額

「固定資産税評価額」は、固定資産税などの税金を計算する基準となる価格のことです。

市町村では土地や家屋について「固定資産課税台帳」に課税価格などを登録していますが、この価格のことを固定資産税評価額といいます。

固定資産税評価額は固定資産税のほか、都市計画税や不動産取得税、登録免許税などの基準にもなります。

固定資産税評価額は、市町村が決定し3年ごとに資産価格の変動に対して、評価額を適正な価格に見直す「評価替え」が行われ、公示地価の7割程度が基準となっています。

●リースバックの価格の目安

リースバックでの買取価格は、通常、時価が基準となり算出されます。先に紹介した公的価格は、あくまでも参考です。自宅の時価を調べた上で、買い取ってもらう価格があまりにも安くないか検討しましょう。

リースバックでは物件売却後は賃貸借契約をして家賃を支払って住み続けるため、契約時に自宅を買い取ってもらう価格と売却後に支払う家賃とを取り決める必要があります。リースバック事業者はその物件の買取価格と想定する家賃から利回りを計算し、「利回り」を見ながら買取価格と家賃を決定します。

ここで不動産の収益性を見る利回りの考え方についてご説明しましょう。

✴利回りの考え方

不動産における利回りには「表面利回り（グロス利回り）」と「実質利回り（ネット利回り）」と呼ばれるものがあります。

「表面利回り」とは、年間の家賃収入の総額を物件価格で割った数字です。

たとえば「年間の家賃収入が３００万円、物件価格が３０００万円」のケースで計算してみましょう。

次ページの計算式に当てはめて計算してみると、この物件の表面利回りは10％ということになります。

表面利回りは実際に掛かった経費などを計算式に入れないため、実際の収益率と乖離（かいり）する可能性がありますが、投資物件を紹介する際などには、一般的に表面利回りが使われています。

「実質利回り」とは、年間の家賃収入から諸経費（管理費・修繕積立金・固定資産税など）を差し引いた実質的な収益を、物件価格に購入時の諸経費（不動産仲介手数料・登記費用・印紙代など）を加算したもので割った数字です。

こちらも表面利回りの例と同じ条件で「年間の家賃収入が３０００万円、物件価格が３０００万円」というケースで計算してみましょう。年間の諸経費は50万円、購入時の諸経費は２００万円だと仮定して、計算式に当てはめてみます。

この計算式によると、この物件の実質利回りは７・８％だと算出できました。表面利回りで計算したときには10％でしたが、実質利回りで計算すると、２割も低い

図9 利回りの考え方

表面利回り(グロス利回り)の計算

表面利回り(グロス利回り)	＝年間家賃収入÷物件価格×100
10% 表面利回り	＝300万円÷3,000万円×100

実質利回り(ネット利回り)の計算

実質利回り(ネット利回り)	＝(年間家賃収入－諸経費)÷(物件価格＋諸経費)×100
7.8% 実質利回り	＝(300万円－50万円)÷(3,000万円＋200万円)×100

数値になりました。

表面利回りとは違い、実際に掛かった経費などを計算式に入れているため、こちらの実質利回りの方がより現実の数字に近い収益率を出せます（**図９**：「利回りの考え方」を参照）。

リースバックの買取価格は通常、時価（実勢価格）の70～80％前後が目安になります。リースバックを行っている事業者の業種によって事業の目的や物件に求める利回りに差があるため、買取価格の水準も異なります。

家賃が同じ場合でも、買取事業者の求める利回りが高ければ買取価格は安くなり、利回りが低くてもよければ高い価格で買い取ってもらえます。

また、賃貸契約の種類によっても買取価格や家賃は変わってきます。買取後にいずれ転売しようと考えている事業者は、普通借家契約ではなく退去してもらいやすい定期借家契約を結ぼうとするので、定期借家契約を条件とする代わりに高い買取価格や安い家賃を提示してくるケースが多いといえます。

昨今では家賃は周辺相場で設定されることが多くなってきましたが、以前は都心部でも表面利回り10％以上という割高な家賃を提示されることも珍しくありませんでした。いまだにそのような事業者もいるので注意が必要です。

家賃と買取価格の関係でいうと現在は表面利回り6％～8％が相場だといえます。ただし、これは都心部や流通性の高い地域の話で、地方や流通性の低い地域、物件自体に問題がある場合などは、表面利回り10％以上の高利回りでないと成約しないこともあります。1社だけではなく、数社から見積りを取ってみるとご自宅のリースバックの相場が分かるでしょう。

リースバックのメリットとデメリット

リースバックのトラブルが増えている

最近ではリースバックを行う事業者が多くなり、インターネット上でも沢山の情報が溢れていますが、その分トラブルも多くなっています。特に近年は高齢者世帯を中心に、住み替えや資金の確保などを目的としたリースバックの不動産取引が徐々に増加傾向にあり、ご高齢の方々からの相談が増えています。

私の運営するＮＰＯ法人にもご高齢の方々からリースバックに関するトラブルの相談が多くなってきました。相談内容は次のようなものです。

リースバックに関するトラブル相談例

・不当に家賃が高く、数年で売買代金を上回る金額だった。
・相場よりもかなり安い売買代金で売らされた。
・ずっと住めると思って契約をしたら定期借家契約の２年で退去を迫られた。
・定期借家契約で再契約ができると聞いていたのに契約期間満了で再契約はできないと言われた。
・途中で所有者が変更になり、賃貸の条件の変更を迫られた。
・買い戻しが条件と言われ、買い戻しができないなら賃貸契約も解除だと言われた。
・入居期間中の修繕など取り決めがされておらず、すべて賃借人負担だと言われ何も直してもらえない。

図10 リースバックのガイドライン［国土交通省］

出典：国土交通省『住宅のリースバックに関するガイドブック』より

リースバックでの不動産取引は、多様なライフスタイルの実現や既存住宅流通市場の活性化、空き家の発生防止などにつながるものとして期待される一方で、契約内容や将来の収支計画について、消費者の理解が不十分なままでリースバック契約を締結したことなどによるトラブル事例も見られるということで、国土交通省は令和3年12月より有識者や不動産業界団体で構成される「消費者向けリースバックガイドブック策定に係る検討会」を弁護士を座長に発足させ、消費者向けリースバックガイドブックを策定しました（**図10：**リースバックのガイドライン［国土交通省］）。

このガイドブックも参考にして、リースバックを検討する際はリースバック事業者の言うことを鵜呑みにせずにご自身でも知識を備えて検討することが大切です。

まずはリースバックのメリットを挙げておきます。

メリット

①借り入れではないので返済や利払いは不要。また所有していることで掛かる固定資産税やマンションの場合は管理費・修繕積立金などの経費が掛からない。契約内容によっては、設備が壊れたら貸主が直してくれるケースもある。

②資金の使途は自由。事業資金でも可。

③リバースモーゲージより多い資金調達ができ、一括でまとまった資金が手に入る。

④リースバック事業者が買い取ってくれる物件であれば、立地や戸建て・マンションを問わず対象となる。

⑤分割しにくい自宅という相続財産がなくなるため、相続問題の心配がなくなる。

⑥買い戻しなどのオプションが付けられるケースもある。

リースバックがリバースモーゲージよりも制限がなく、資金を手にしやすいとはいっても、もちろんメリットばかりではありません。資金を手にしたい人にとって注意しておきたいデメリットを挙げると次のようなものになります。

デメリット

①家の所有権がなくなる。
②家賃を払わなければならない。
③子どもたちに家を遺せない。

まずは一番大きなポイントは、たとえ自宅に住み続けることができていても「その家の所有権が無くなる」ということです。賃借人になるので、これまでのように勝手にリフォームや改築などはできません。「所有すること」に絶対的にこだわる人

には難しいでしょう。

第二に賃貸契約を結ぶことになるため、家賃を払わなければならなくなります。もちろん家賃が払えなくなったら、追い出されてしまいます。また賃貸なので、一生住める保証はありません。

そして第三に、所有権がなくなるので当然のことではありますが、「相続で子どもに家を遺すことはできなくなる」ということです。

デメリットとして感じるものはいずれも「家の所有権がなくなる」ということから発生するものです。実際に私も多くの方が、自宅に住み続けられるにもかかわらず〝自分の家〟ではなくなることでリースバックの契約をためらうケースをたびたび目にしてきました。

これらの気持ちにどう折り合いをつけていくかが重要なのはもちろんですが、冒頭にもお話ししたような近年増加するリースバックのトラブルに関する相談例も踏まえ、ある程度の知識を身につけて、慎重に検討しましょう。

◉──リースバック契約で気をつけるべきこと

リースバック契約をするとき、「買取価格＝いくら資金が手に入るか」ということに気を取られがちですが、売却後も長く住み続けるつもりであれば、賃貸借契約の内容が非常に重要です。契約内容は、新たにオーナーとなるリースバック事業者との交渉で決めていくので、細かい条件まできちんと納得した上で契約を結ぶ必要があります。

●売買契約で気をつけるべきこと

リースバックの場合、その後の賃貸借契約の内容によって、何パターンかの買取価格を提示されることがあります。買取価格だけでなく、リースバック後の生活をよく考えて、今後のライフプランに合う内容で契約することが大切です。

一時的にまとまった資金が必要で自宅を売却せざるを得ないが、資金の準備ができたら買い戻そうと考えている場合、再売買予約契約を最初からセットでつけてもらい、あらかじめ「定期借家契約期間終了までに再売買をする」など、買い戻しの際の条件を定めた上で売買契約を結ぶケースもありますから、売却時に買い戻しが可能かどうかを必ず確認しておくべきです。

●買い戻し契約で気をつけること

実務では、「買い戻し」という言葉が使われていますが、リースバック契約において、ほとんどのリースバック事業者は、「再売買の予約契約」や「再契約に関する覚書」などという名称の書面で、買い戻し金額や買い戻しの期限などを定めます。

なぜリースバック事業者が買い戻しという言葉を使わないかというと、民法に「買い戻し特約」という売買方法があり、民法上の買い戻し特約は買主が売主へ支払った売買代金と契約費用のみを支払えば、売買契約そのものを解除できるという規定があります。「買い戻し契約」とすると民法上「買い戻し特約」とみなされてしまい、リースバック事業者にとっては、買取金額と契約費用のみで買い戻しをされてしまう可能性があり、非常に不利になります。

　また、買い戻し特約は買い戻しの期限が10年以内などの条件があります。再売買の予約契約では買い戻し特約のような制限がありません。売主、買主にとって自由に条件が決めやすいため、リースバック契約では「再売買の予約契約」や「再売買に関する覚書」などで、買い戻しに関する条件を定めることが一般的です。

　リースバックは昔からある不動産の売買の手法でしたが、主に法人所有の不動産の売買で行われることがほとんどでした。そして、「セール・アンド・リースバック」という用語で呼ばれており、文字の通り、一旦不動産を売却（セール）して、賃貸で借りる（リース）けれども、最終的に不動産を買い戻す（バイバック）ことを目的としている契約も多くありました。そのため、リースバック契約には、買い戻し契約がオプションとして付いていることが珍しくありません。

　高齢者が利用するリースバック契約の場合は、リバースモーゲージと同様に、自宅という固定資産を資金化して老後資金を得ながら、賃貸でそのまま自宅に住み続けることを目的としています。

　そのためそもそも買い戻しは考えていないというケースが多いのですが、事情に

第7条（引渡し）
乙は甲に対し、売買本契約成立後令和○年○月○日までに、再売買価格全額の支払と引換えに、現状有姿にて本物件を引き渡す。

第8条（権利負担の除去）
乙は本物件につき、第○条第○項の登記手続に必要な一切の書類の交付を行うまでに、甲を権利者とする賃借権を除き、一切の担保権、利用権、請求権等の負担を除去した上で完全な所有権を甲に移転するものとする。

第9条（公租公課の分担）
売買本契約に基づく双方義務の履行が完了した場合、本物件についての公租公課（固定資産税・都市計画税）は、宛名名義にかかわらず、令和○年度分まで（令和○年○月○日分まで）を乙が負担し、令和○年度分以降を甲が負担する。

第10条（合意管轄）
本契約及び売買本契約に関する一切の紛争は、○○地方裁判所を第一審の専属的合意管轄裁判所とする。

第11条（誠実協議）
甲及び乙は、本契約に定めのない事項及び本契約に関する解釈上の疑義については、誠実に協議の上、これを解決するものとする。

本契約の成立を証するため、本書2通を作成し、甲、乙署名の上、原本各1通を保管する。

年　月　日

甲　住所：

氏名：

乙　住所：

氏名：

【不動産の表示】
1　土　地
2　建　物

※著者作成（事業者によって書式は異なる）

図11 再売買予約契約書の内容[例]

再売買予約契約書

○○○（以下「甲」という。）と、○○○（以下「乙」という。）とは、後記物件（以下「本物件」という。）につき、以下の通り、再売買予約契約（以下「本契約」という。）を締結する。

第1条（再売買予約）
乙は、乙を買主、甲を売主とする本物件の令和○年○月○日付不動産売買契約について、甲に対し、次条以下に規定する売買条件にて再売買の予約をすることを約し、甲はこれを承諾した。

第2条（予約完結権）
1　予約完結権は甲及び甲の親族のみが有するものとし、予約完結権の意思表示があったときは、乙の何らの意思表示によることなく、甲乙間に、本契約に定める条件での売買契約（以下、「売買本契約」という。）が成立する。
2　甲は、前項の予約完結権を令和○年○月○日までに行使しなければならない。甲が、同日までに予約完結権の行使をしないときは、予約完結権は消滅し、本契約は失効する。
3　予約完結権の意思表示は書面をもって行うものとする。
4　甲が第1項の予約完結権を行使することなく、令和○年○月○日までの間に、甲と乙間の令和○年○月○日付「住宅賃貸借契約」（以下、賃貸借契約という）第○条の規定により解除された場合、同契約第○条の規定より解約された場合、又は甲が賃貸借契約に違反した場合は、予約完結権は消滅し、本契約は失効する。

第3条（再売買価格）
本件物件の売買本契約における再売買価格は、下記の通りとする。

記

金●●●万円

第4条（再売買価格の支払時期及び方法）
甲は、乙に対し、前条に定める再売買価格を、売買本契約成立後令和○年○月○日までに、現金又は振込みにより支払う。ただし、振込みによる場合には振込手数料は甲の負担とする。

第5条（所有権の移転）
本件物件の所有権は、再売買価格全額の支払と同時に甲へ移転する。

第6条（所有権移転登記等）
1　乙は、甲に対し、売買本契約成立後令和○年○月○日までに、再売買価格の支払と引換えに、甲の名義にするために、本物件の所有権移転登記申請手続に必要な書類を交付する。
2　前項に定める所有権移転登記手続に要する費用は甲の負担とする。

よっては一旦自宅を売却して賃貸で住み続けるけれども、数年後には本人や子どもが買い戻したいという希望がある場合もあります。

リースバック事業者はこういった買い戻しができる権利を、オプションで付けてくれるところが多くあります。ただし、買い戻しの条件をしっかりと確認する必要があります（**図11**：「再売買予約契約書の内容［例］」を参照）。

買い戻し条件のチェックポイント

・いくらで買い戻しなのか？
・いつまでに買い戻しをしないといけないのか？
・買い戻しの権利はいつまでなのか？
・買い戻しができない場合も賃貸契約は継続できるのか？
・買い戻しの名義は特定されているのか？（自分以外の親族や指定する第三者でも良いのか？）

買い戻し金額の相場

では、買い戻し金額の相場はあるのでしょうか。
買い戻しをする際の相場は、リースバック事業者によって異なりますが、一般的には、リースバック事業者の買取金額に15％前後プラスした金額が相場だと思います。

例：売却した金額が３０００万円の場合
　　買い戻し金額は３４５０万円前後

これは、リースバック事業者も事業として利益を得なければならないからです。
不動産を購入する際、売買代金の他に

・購入時の仲介手数料
・登録免許税
・所有権移転登記の司法書士への報酬

・不動産取得税
・印紙代
などの費用が発生します。大体、これらの購入経費を合計すると売買代金の７％くらいは掛かることが一般的です。その他、不動産所有に掛かる経費も発生します。そのため、再売買の際に転売益を得るには買取価格に15％前後はプラスにしないと事業として収支が合わなくなります。

再売買をして転売する利益（キャピタルゲイン）の他に、毎月の家賃収入（インカムゲイン）がリースバック事業者の利益になるわけですが、不動産という多額の投資をするわけで、キャピタルゲインとインカムゲインの両方で投資メリットがあるかを検討します。そのため、買取金額よりも再売買金額が高くなるのは当然のことと言えます。

また、リースバック事業者からすると、短期間で買い戻しがされてしまうと、家賃収入が減ってしまうため、短期間の買い戻しが可能な場合は再売買価格が高くなるケースもあります。

リースバック事業者によっては、買い戻しの期間は長ければ長いほど、買い戻しの金額は安くなるケースもありますし、逆に短期間で買い戻しをしてもらうことが条件というケースもあります。

前述した買い戻し金額の相場は、あくまで概算です。

・買取金額
・毎月の家賃
・買い戻し金額

などご自身にとって無理のない条件なのか、メリットがある条件なのかを十分に検討する必要があります。

買い戻し契約が義務である場合の注意点

前述のケースとは逆で、最初から「買い戻しをしたくない」、「買い戻しはできない」、ということもあるでしょう。通常リースバック契約では、買い戻しの条件がオ

プションで付いている契約が多いですが、あくまでオプションで、買い戻しができる「権利がある」だけで、買い戻しをしなくていけないという「義務ではない」ケースが多いです。もし「期間内に買い戻しができない場合、賃貸借契約は解除される」などという契約になっているときは注意が必要です。

過去に相場よりも大幅に安い買取金額で、法外に高い買い戻し金額を設定され、定期借家契約期間内に買い戻しができない場合は退去するという契約をしてしまった相談者さん

不動産の譲渡担保とは?

お金を借りる際の担保として債務者の所有する不動産を債務者が債権者に譲渡し、債務を全額返済すると同時に、債務者が債権者からその物を買い戻すという契約。譲渡担保に入っている間は、債権者がその物を債務者に賃貸する形で、債務者はそのまま物件を使用することができます。そのため譲渡担保契約は、買い戻しの予約に賃貸借を組み合わせた制度であるため、リースバック契約の買い戻し契約と類似しているといえます。譲渡担保は期限内に債務が返済されないときは、債権者はその物件を完全な所有権にすることができます。ただしその場合、物件の価額が債務+法定利息の金額を超える場合には、債権者はその超過部分を債務者に返還する必要があります。この債権者の義務を清算義務といい、清算義務は過去の裁判の判例により確立しています(譲渡担保権者の清算義務:昭和46年3月25日最高裁)。

がいました。弁護士を紹介したところ、この契約が法的には「譲渡担保」とみなされ、リースバックによる買い戻し契約が無効になる事例がありました。

買い戻し契約（再売買の予約）は、一般的にあくまでリースバックのオプションで買い戻しできる権利が得られるということを頭に入れておきましょう。買い戻し契約が必須条件となっている場合は注意が必要です。不利な契約をしてしまったときは弁護士などの法律の専門家に相談しましょう。

●建物の賃貸借契約で取り決める内容

前の項目で述べたように、自宅の買取価格と賃貸借契約の内容は個々の条件によってかなり変動します。リースバックの場合は、通常の借家と違い、契約内容を交渉で決められる範囲が大きくなります。

たとえば、住宅の設備が壊れた場合の修理費用をオーナーが負担してくれるという契約もあり得ます。契約内容を一つひとつ確認し、不明点や納得できないことをなくした上で契約しましょう。

ここで最も注意が必要なのが賃貸借契約の種類、すなわち「普通借家契約」か「定期借家契約」かという点です。次の項目でも詳しく説明しますが、ざっと説明すると普通借家契約は借主が希望すれば契約は更新される契約で、定期借家契約は契約期間があらかじめ決められている契約で更新が無い契約です。

通常は賃貸物件を借りるときは普通借家契約が多く、これは借主の権利が強いため簡単に退去させられることはありません。ところが定期借家契約であれば、定めた期間が経過した後は再契約がされる場合を除き、契約が終了となり、退去せざるを得なくなります。安い家賃で喜んで契約したら定期借家契約だったということで、トラブルもありますので気をつけてください。

賃貸借契約でのチェックポイント

・家賃の金額及び支払い方法。
・敷金（預り金）。
・礼金（お礼金で返金されない）↓掛からないケースもあるが事業者次第。

・契約の種別↓普通借家契約か定期借家契約か。
・連帯保証人を立てるか、賃貸保証会社に加入する。賃貸保証会社に加入する場合は、家賃の50％前後が初回に必要。年間1万円程度の更新料が掛かる（保証会社によって異なる）。
・設備の修繕費↓所有権が無くなるため、住宅の設備が故障した場合、修繕や更新にはオーナーの許可が必要となる。修繕費についても取り決めておくとよい。
・家財保険↓火災保険はオーナーが負担。借家人賠償保険（賃借人が加入する火災保険：2年で2万円前後）。
・更新時の更新料の有無や金額、更新時の家賃の値上げについて。
・中途解約についての取り決め↓中途解約の可能性がある場合は必ず確認を。
・退去時に室内の原状回復が必要か↓リースバックの場合は住んでいる状態から貸し出すので原状回復不要のケースもある。

●定期借家契約と普通借家契約の違い

リースバックをする上で賃貸借契約の種類は非常に重要です。

少しだけ触れましたが、建物の賃貸借には、「普通借家契約」と「定期借家契約」とがあります。それぞれの特徴については後述しますが、リースバック事業者によっては、契約期間満了後は更新がなく、退去してもらうこともできる定期借家契約を望んでいます。それは転売して売買益を得ることを目的としている事業者だったり、家賃滞納などのリスク回避や高齢の方が入居者となるため、認知症などのリスクもあり長期間賃貸借契約をすることを望まないという理由が挙げられます。

「長く住み続けたいから家賃はできるだけ抑えたい」という利用者の気持ちを逆手にとって、「短期の定期借家契約なら家賃を安くできる」「1年間は家賃はタダでいい」「買取価格を上乗せできる」などの提案をしてくる場合があります。定期借家契約でも期間満了後に再契約可能と契約書に記載してあるケースもありますが、それは再契約することも可能＝交渉できるというだけであって、必ず再契約できるという意味ではありません。普通借家契約であれば、借り手の権利が強く、借り手が更新を望めば自動的に更新されるのが原則であるのに対し、定期借家契約では借り手と貸し手の合意がなければ再契約はできません。

この契約の種類の違いとリースバック事業者の特徴を理解しておくと、利用者側のニーズによってはむしろ有利な契約を結ぶこともできます。たとえば、「子どもが学校を卒業するまであと1年だけはここに住みたいがその後は引っ越してもいい」「親が施設に入居するまであと2年だけは住みたい」といった場合は、逆に定期借家契約にして家賃を抑え、買取価格を高くしてもらうよう交渉してみるとよいでしょう。

●―「普通借家契約」と「定期借家契約」の明確な違いを知ろう！

まず利用者側がなぜ普通の売却ではなくリースバックを希望するのか、目的を明確にすることが大切です。目先の金額に惑わされず、自分の目的、ライフプランに合うリースバックのやり方を検討してください。

それではいよいよ、「普通借家契約」と「定期借家契約」の違いを詳しく見ていきましょう。

普通借家契約

普通借家契約は通常の賃貸に一番多い契約手法です。

通常1年以上で設定されますが、一般的には2年契約で更新可というケースが多いでしょう。

家賃の滞納や契約違反などをはじめとする信頼関係の破綻などで契約を解除されない限り、ほぼずっと住んでいられます。賃借人の権利が強いですが、貸主から解約をされるケースもあります。貸主からの解約は「正当事由」が必要となります。

定期借家契約との大きな違いは、「更新がある」ことです。

【普通借家契約の詳細】

・契約期間：1年以上の賃貸借期間が定められており、契約の更新が可能。基本的に、契約後は解約の手続きをするまでは同条件にて更新され続けていく一般的な借家契約。契約期間は1年以上で設定、一般的には2年とすることが多い。

※契約期間を1年未満とした場合は「期間の定めのない契約」とみなされ、各当事者がいつでも解約の申し入れができてしまう状態になる。

・**貸主からの中途解約**：借主が引き続き物件を使い続けることを希望している場合、貸主からの中途解約や契約期間満了時の更新の拒絶は基本的にできない。貸主から中途解約や更新の拒絶をしたい場合には、貸主がその物件を自ら使用しなければならなくなったなどの「正当事由」が必要になる。

・**借主からの中途解約**：中途解約に関する特約をあらかじめ定めていれば可能。一般的には１ヶ月前解約あるいは２ヶ月前解約の予告期間が多く、直ちに解約する際は解約予告期間に相当する支払う金額を定めることが多い。

【普通借家契約における借主側のメリット・デメリット】

メリット

・更新ができるので、契約違反がない限りは住んでいられる。

・解約の意思を示さない限り、基本的に契約満了後も自動更新される。
・家賃を一方的に増額される心配がない。
・特別な理由が貸し手側にない限りはその物件に住み続けることが可能。
・基本的に借主保護が強いので、いきなりの強制退去命令や家賃の増額を言い渡されたりといったことは原則ない。

デメリット

・定期借家契約に比べ家賃が割高。
・契約の際に条件交渉をしにくい。
・更新料が掛かる（掛からない場合がある）。
・定期借家契約より買取価格が安くなる。

普通借家契約の場合はオーナー側が、あらかじめ長期的目線で修繕費なども含めた利回りで家賃を設定します。したがって普通借家契約での賃貸の場合、家賃は周辺相場もしくは高めに設定されることがほとんどです。

一方リースバックの定期借家契約の場合、オーナー側が一定期間家賃を回収して、その後に転売利用することを選択肢に入れることもあるため、相場よりも家賃の設定が安かったり、フリーレント（家賃が掛からない期間）などの条件交渉がしやすい面があります。

定期借家契約

定期借家契約は賃貸借期間が終了になったら契約を終了し、更新がありません。「更新する」という概念ではなく、更新をしたい場合は貸主と借主が協議し、「再契約」という形で契約を実質更新することができます。

普通借家契約では1年未満の期間の契約はできない（1年未満の契約期間を定めた場合は期間の定めのない契約とみなされる）ため、1年未満の期間で賃貸借契約をしたい場合に定期借家契約を利用することもあります。

【定期借家契約の詳細】

①再契約が前提の場合：協議により再契約が相談できる

※「当事者間で紛争がない場合には、定期借家契約の再契約をする」旨の覚書を締結する場合がある。

※①としても「相談できる」ということであるため、再契約はできないと言われてしまうケースがある。

②再契約ができない場合：再契約ができず必ず期間終了で契約が終了する

・契約期間：各当事者の間で自由に定めることができる。特に制限も存在しない。

・契約の締結時の注意：契約期間を確定的に定めたら、定期借家契約書を作成し書面にて契約を締結する。また貸主は、契約書とは別に「契約の更新はなく、期間の満了とともに契約終了すること」を書面としてあらか

【オーナーがリースバックで定期借家契約にする理由】

・転売を目的としている場合など、退去してもらえる。

・短期間で家賃収入（インカムゲイン）と転売収入（キャピタルゲイン）を確実に得られる。

・家賃滞納や問題のある賃借人だった場合、契約期間終了で退去してもらえる。

じめ交付して、借主に説明する義務がある（貸借人の同意の上、電磁的記録によることも可能）。もしこの説明を怠ったときは、定期借家契約としての効力がなくなり、普通借家契約として扱われる。

・**中途解約**：中途解約に関しての特約を個別に結ぶことが可能。期間中に借主の転勤、療養、親族の介護などやむを得ない事情が発生し、物件を使い続けることが困難になった場合には、解約の申し入れが可能。ただし、この解約を申し入れることができるのは、床面積が200㎡未満の居住用に限られる。

・**契約終了時の通知**：契約期間が1年以上の場合、貸主は期間満了の1年〜6ヶ月前までの間に、借主に対して契約終了の通知をする必要がある。

・**普通借家契約の定期借家契約への切り替え**：定期借家契約の制度が始まった平成12年3月1日より以前に締結された普通借家契約は、借主を保護する観点から借主と物件が変わらない場合、定期借家契約への切り替えを強制することは基本的にできない。

【定期借家契約における借主側のメリット・デメリット】

メリット

・安い家賃で物件を借りることができる。

・家賃、条件で優遇される（相場より安い家賃、フリーレントなど）。

・短期間での契約ができる。

・契約期間満了後に再度契約したい場合は、新たな条件提示ができる。

・普通借家契約より買取金額が高くなる。

デメリット

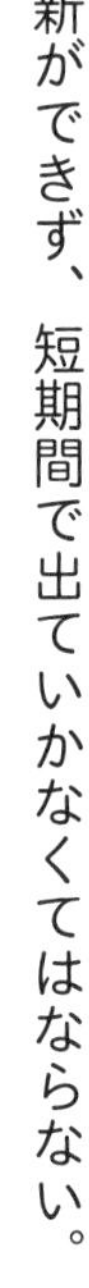

・更新ができず、短期間で出ていかなくてはならない。

・中途解約に条件がある場合がある。

・再契約が相談できる場合でも賃貸条件（家賃、期間）が変わる場合がある。

（図12：「普通借家契約と定期借家契約の違い」を参照）

図12 普通借家契約と定期借家契約の違い

契約の方法	普通借家契約	定期借家契約
契約の方法	口頭でも成立するが、実務上は書面による。	・書面による契約に限る。 ・定期借家契約時に契約書とは別に「定期借家契約の説明書」を交付し「契約の更新が無く期間満了により賃貸借契約が終了すること」を説明しなくてはならい。 （電磁的記録によることも可能）
賃貸借契約の期間の制限	1年以上で設定で制限は無い。1年未満の契約は「期間の定めの無い契約」となる。	制限は無い。
更新の有無	賃貸人の正当事由が無い限りは更新される。	更新は無く、契約期間満了により終了する。
家賃の増減	特約にかかわらず、賃借料の増減を請求できる。	特約の定めに従う。
借主からの途中解約	・途中解約に関する特約の定めにより解約できる。 ・実務上は借主からの解約は１ヶ月〜２ヶ月前に通知することにより可能。	・床面積が200㎡未満の居住用建物でやむを得ない事情で生活の拠点として使用することが困難となった場合は、特約が無くても法的に途中解約できる。 ・上記以外の場合でも途中解約に関する特約の定めにより解約できる。
貸主からの途中解約	・途中解約に関する特約の定めにより解約できる。 ・実務上は貸主からの解約は６ヶ月前に通知し、更に正当事由が必要。	貸主からの途中解約は不可。

リースバックは、自宅を売却しても住み続けられるということが目的ですが、賃貸借契約の途中で立ち退きを求められるとその目的が達せられずに、安価で自宅を売却しただけになってしまいます。次に、立ち退きに関する知識を解説します。

●立ち退きを求められる場合

貸主が所有している物件が老朽化や建て替えをしたいなどの理由から、借主側に退去して欲しいときは、立ち退きを交渉することになります。

このとき定期借家契約ならば、契約期間が満了になったら再契約を締結しない限りは契約終了となり、借主側は出ていくという選択肢しかないので、立ち退きの交渉は不要なケースですが、普通借家契約の場合はそう簡単にはいきません。

もし、普通借家契約において貸主側から立ち退いて欲しい場合は、立ち退きを依頼する「正当な事由」が必要です。正当な事由があれば立ち退き決定後、最大6ヶ月までの間に立ち退いてもらうことが可能で、貸主側は立ち退き料を6ヶ月分支払って、早めに立ち退いてもらえるよう促す場合もあります。

✳立ち退きにおける正当な事由とは

　普通借家契約における立ち退き依頼時に必要となる『正当事由』は、下記のようなものがあります。前提として、そもそもその事由が正当かどうかの判断は、物件や入居者などの状況によって変わってくるので、参考事例として確認してみてください。

「正当事由」は裁判になることも多く、どのような理由なら認められるのか一概にはいえず、簡単に立ち退きをしてもらうことは難しいのが現状です。

　実務上では裁判までいかずに任意交渉で長く期間をかけて交渉したり、立ち退き料を支払うなどして穏便に出て行ってもらうことで合意することもあります。

正当事由として認められる可能性のあるもの

・借主への信頼関係が損なわれた（家賃滞納などの契約違反があった場合）。
・物件が老朽化してきたため倒壊の恐れがある。
・貸主がその物件に住まなくてはならない事情ができた（災害など）。
・店舗を拡充するため、建て替えをしたい。
・貸主側が亡くなり、相続税支払いのために物件を売却しなければならない。

✴立ち退き料の相場

立ち退き料については明確な相場の基準がありません。一般的には次の転居先を探す賃貸契約費用や引越費用などを負担したり、家賃の6ヶ月分前後というケースもあれば、1年分や2年分や数百万といった金額でまとまることもあります。

◉——リースバックの利用を検討する前に

●リースバックができない場合（オーバーローンの場合、任意売却の場合）

リースバックは不動産売買ですので、立地条件や戸建て・マンションにかかわらず契約できる可能性があります。ただし、その不動産が借り入れの担保になっていて債権者が抵当権を設定している場合、売買には債権者の同意が必要です。ほとんどの人が住宅ローンを組んで自宅を購入するため、リースバックを検討する時点でどのくらい残債務があるかが問題となります。残債務がリースバック事業者への売却で完済できる範囲内であれば、債権者である金融機関は売却を認めてくれます。

もう1つチェックしておくべきことは物件の時価です。バブル期に開発された首都圏郊外の住宅地の中には、時価が購入価格の2分の1以下に下落しているようなところもあります。そこまでの暴落ではなくても、購入時期によっては、返しても残債務が時価を上回る「オーバーローン」の状態ということもあり得ます。オーバーローン状態の場合は、リースバックの買取金額ではローンが完済できないので売却できず、リースバック契約は成立しません（図13：「時価変動がもたらすオーバーローンのパターン」を参照）。

オーバーローンの状態でもどうしても売却したいときは、金融機関（債権者）と話し合いながら「任意売却」を進めることになります。任意売却については第4章で詳しく説明します。

リースバックの買取価格の目安は時価の7～8割程度と通常の売買よりも低くなるということはこの項の最初の方でも述べましたが、物件の買取価格次第ではオーバーローン状態ではなくてもリースバック事業者への売却では手元に資金がほとんど残らず、資金調達という目的が果たせないことも考えられるので注意してください。

図13 時価変動がもたらすオーバーローンのパターン

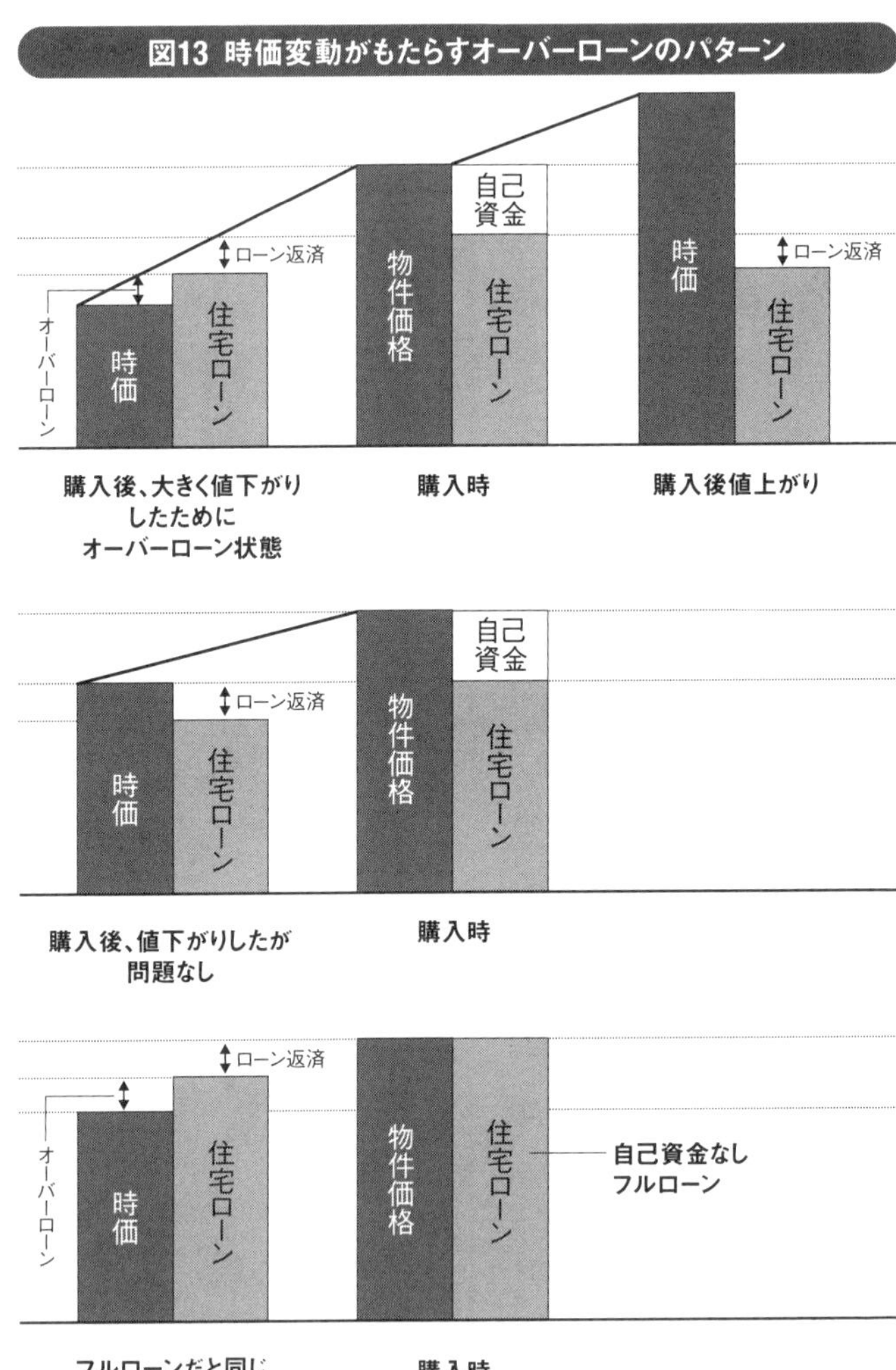

●リースバック後の生活設計が重要

リースバックに際しては、自宅を売却して資金を得てからの生活設計をしっかりと考えておく必要があります。元の自宅に住み続けていても、リースバック契約後は所有権はありません。自宅という資産がなくなることをよく理解し、売却で得た資金をどう使っていくのか資金計画を考えた上で契約しましょう。

リースバック後は、家賃の支払いが発生します。リースバックした元の自宅にいつまで住むのか、一生住むのであれば年金や貯金でその家賃を払い続けられるのかを具体的にシミュレーションしてみてください。たとえば、売却で２０００万円の資金を得た場合、家賃15万円・家賃の値上げはないとしても約11年で売却資金を使い果たしてしまう計算です。

「一生住み続けたい」と思っていても、現実には老人ホームなどに入居せざるを得ない状況になることもあります。自宅を所有していれば、リバースモーゲージで融資を受けたり、売却して現金化したりする選択肢がありますが、リースバック後は頼る資産がありません。将来、高齢者施設に入居するための資金も確保しておきたいところです。

いったん自宅を売却してしまうと、いざというときに資金調達をすることが難しくなります。現金は知らず知らずのうちに手元から出て行ってしまいがちです。リースバックを選択する場合は、その後のライフプランをよく考え、売却で得た資金を有効に使う資金計画を作成してください。

リースバック後のライフプランのポイント

・リースバックした元の自宅に一生住むのか？
・年金や貯金で家賃は払っていけるのか？
・将来的に老人ホームなどに入る資金はあるのか？
・リースバックで得た資金を使ってしまい、最終的に老後資金が無いなどということにならないよう、長期的な生活設計を立てることが必要。
・所有権がないので、自分の資産ではないことを理解しよう。

◉──リースバックを行う事業者の特徴

●リースバックにはさまざまなタイプの買い手が存在する

日本では持ち家比率が高いため、自宅を担保に融資を受けたり自宅を売却したりすることで高齢者が生活に必要な資金を手にすることができます。言い換えれば、そこにビジネスチャンスがあるわけで、今高齢者が所有する不動産の流動化が注目されています。融資は金融機関でなければ扱えませんが自宅売却をベースとするリースバックは参入しやすいため、多くの事業者が参入してきています。事業者のほか、個人投資家や親族・知人などの関係者が買い手になることもあります。

まず事業者については、本業の業種によってリースバック事業を行う目的が異なります。前にも述べたように、いったん売買契約を交わしたら元には戻せませんので、事業者のタイプを理解した上で交渉・選択することが必須です。

リースバックの買い手となる事業者は主に、不動産業者、リース会社、ノンバンク系金融機関に分けられます。

不動産業者にとっては賃貸収入よりも売買によるキャピタルゲインが収益として大きいため、リースバック事業を「市場価格よりも安く物件を仕入れる手段」と位置付けているところもあります。そういった不動産業者の場合は、転売目的で定期借家契約を結んで安い家賃を提示し、早い時期に退去させようとします。そのため、目先の家賃に惑わされないことが大切です。もちろん不動産業者でも長期保有を目的としている会社もありますので、一概にはいえません。

一方で、リース会社やノンバンク系金融機関は長期的に確実に安定した家賃収入を得ることを目的としているため、普通借家契約か再契約型の定期借家契約が主体で、見守りや緊急時対応、ハウスクリーニングなど高齢者向けのサービスを無料のオプションとして付けているところもあります。

長く住み続けたいという希望の方や不動産業者だとなんとなく不安という方には更新可能で長く住み続けられることと付帯サービスが充実している点から、私はリース会社やノンバンク系金融機関を紹介することが多いです。

事業者ではなく、個人が買い手となるケースもあります。親族や友人・知人にお願いして買い取ってもらうのもよいでしょう。ただ、個人的な関係の間柄だと口約束やいい加減な契約書で済ませてしまうこともあり、トラブルが起きると人間関係が壊れてしまいます。また、本人同士は納得して契約したとしても、相手に相続が発生した場合、対応が変わるかもしれません。少なくとも「金の切れ目が縁の切れ目」となる可能性があることは頭に入れて、弁護士などの士業や不動産業者など専門家に間に入ってもらい契約書をしっかり作成することが大切です。

ほかに収益不動産を求めている不動産投資家に買ってもらうという選択肢もあります。不動産投資家（個人・法人）は安定した家賃収入が目的で、事業者ほど高利回りを求めないことが多く、うまくマッチングできれば良い契約相手になります（**図14**：「リースバック事業者の業種・目的・特徴」を参照）。

このように、リースバックにはさまざまな買い手が考えられますが、どのようにして相手を選べばよいのでしょうか。

不動産会社やリース会社などのリースバック事業者であれば、自分から連絡して交渉に行くことができます。

主な目的	利用者側メリット	利用者側デメリット
・物件の仕入手段として購入するケースが多い（転売目的）。 ・投資目的（インカム&キャピタルゲイン）。	・査定、買い取りまでの時間が早い。 ・不動産にマイナスがあっても融通が利く。	信頼できる不動産業者に依頼しないと後でトラブルになる。
・担保融資よりも確実に安定した家賃収入を得ることができる。	大手法人なので安心して長く住める。	買取条件、賃貸条件の規定に合わない場合がある。
・担保融資よりも確実に安定した家賃収入を得ることができる。	金融機関なので安心して長く住める。	買取条件、賃貸条件の規定に合わない場合がある。
・投資目的（インカム&キャピタルゲイン）。 ・再生支援。	・条件が固定化していないので希望条件が相談できる。 ・エリア、物件種別なども幅広い。	信頼できる投資家に依頼しないと後でトラブルになる。
・援助目的。	・親族なので安心。 ・投資目的でない場合条件が有利。	・事情が知られてしまう。 ・契約書などを作成していないとトラブルになる。 ・金の切れ目が縁の切れ目。親族関係悪化。
・援助目的。	・知人、友人なので安心。 ・投資目的でない場合条件が有利。	・事情が知られてしまう。 ・契約書などを作成していないとトラブルになる。 ・金の切れ目が縁の切れ目。人間関係悪化。

※著者調べ

図14 リースバック事業者の業種・目的・特徴

業種	特徴
不動産業者	・市場価格の70〜80%での買い取り。買い戻し相談。 ・転売を目的としているため、長期間居住することを望まない傾向にあり、「定期借家契約」が多い。 ・定期借家契約の場合、買付金額が上がったり、相場より家賃が安く設定されたり、1年分フリーレントなどのオプションもある。 ・「普通借家契約」の場合、利回り重視のため家賃が相場より高くなるケースもある。
リース会社	・リース会社評価の80%前後での買い取り。買い戻し相談。 ・取り扱い可能な不動産が限られる（区分マンションがメイン）。 ・普通借家契約もしくは定期借家契約。定期借家の場合は再契約相談。 ・リバースモーゲージの対抗プラン。 ・住環境に関わる周辺サービスがある
ノンバンク系金融機関	・金融機関評価の80%前後での買い取り。買い戻し相談。 ・取り扱い可能な不動産が限られる（エリア・法規制など）。 ・普通借家契約もしくは定期借家契約。定期借家の場合は再契約相談。 ・リバースモーゲージの対抗プラン。 ・住環境に関わる周辺サービスがある。
一般投資家（個人・法人）	・条件が固定していないのでその都度条件を決められる。買い戻し相談。 ・長期保有を目的としているケースが多く、普通借家契約可能なケースも多い。
親族	・親族間売買になるため、資金調達や売買代金の設定に注意が必要。 ・条件は協議が必要。
知人・友人	・資金調達ができないケースがある。 ・条件は協議が必要。

	C社	D社	E社
	時価の70%前後	時価の70%～ 80%前後	時価の70%～ 80%前後
	マンション・戸建	マンション限定	マンション限定
	定期借家契約2年（再契約相談） マンションは普通借家契約相談	普通借家契約2年 （再契約相談）	普通借家契約2年
	買取価格の7%前後	買取価格の7%前後	買取価格の7%前後
	不要	敷金1ヶ月	敷金1ヶ月
	要加入（家賃の50%）	要加入（家賃の50%）	要加入（家賃の50%）
	相談	相談	相談
	一都三県	一都三県	全国（主要都市）
	・3年で退去の場合はキャッシュバックあり ・直接買取のみで仲介手数料不要 ・家賃改定無し	再契約をしない場合は、1年間は家賃不要（フリーレント）などのプランあり	更新料は家賃の1ヶ月分

※物件の条件や売主の状況によって条件は変動するため、まずは条件を出してみて比較することが大切です。
※買取価格や利回りは概算であり物件によって条件は異なります（著者調べ）。

買取価格や賃貸の条件などは個々に異なりますので、必ず複数社の見積りをとって比較検討するのがよいでしょう。

ただし、上記の表（**図15**：「大手不動産業者のリースバック条件比較」を参照）のように、大手不動産業者によっても物件の条件や売主の状況によってリースバック条件は変動しますので、自分に合った条件のところで進めましょう。

一方、先に述べたような個人投資家を自分で見つけることは難しいです。

本来は、いろいろな事業者を紹介してくれる信頼できる不動産仲介会社やファイナンシャルプランナーなど、中立的な

図15 大手不動産業者のリースバック条件比較

	A社	B社
買取価格の目安	時価の70%前後	時価の70%～80%前後
対象不動産	マンション・戸建	マンション・戸建
賃貸借契約の種類	普通借家契約2年	普通借家契約2年（再契約相談）
家賃・利回り	買取価格の8%前後	買取価格の8%前後
敷金・礼金	敷金1ヶ月	不要
賃貸保証会社	要加入（家賃の50%）	要加入（家賃の50%）
再売買（買い戻し）	相談	相談
対象エリア	全国	一都三県
その他	・事務手数料が掛かる ・いろいろなプランがある	再契約の覚書を締結するため、再契約に対する保証がある

コンサルタントに相談して自分にどのようなリースバックのやり方が合っているのかをアドバイスしてもらうことをおすすめします。

ちなみに私のＮＰＯ（ＮＰＯ法人住宅ローン問題支援ネット）では、詳しいお話しをお聞きした上でライフプランに合うタイプの事業者や、ご希望によっては不動産投資家もご紹介しています。

04 リバースモーゲージ、リースバックを安心して活用するために

リバースモーゲージとリースバックの比較

自宅資産を活用した資金調達が増えている背景

これまで日本では「家や不動産は子どもに遺したい」という考え方が強かったのですが核家族化が進み、家は「代々引き継いでいくもの」から、「個人がそれぞれ自分で購入するもの」になりました。家族に対する価値観や相続に関する法律も変わり、子どもたちが親の財産を平等に分けるには「不動産」という財産はむしろ面倒なだけともいえます。

子ども世代の多くは、よほど価値のある不動産でない限り古い親の家など要らないし、元気なうちに現金化して楽しんで使って欲しいと考えています。親世代も「無理をして子どもに財産を遺すより自分たちで使い切って楽しみたい。最期まで子どもに迷惑をかけないよう手配しておこう」と考える傾向にあります。

リバースモーゲージやリースバックは自宅を利用しながら、つまり自宅に住み続けながら、資金を借りたり売却して資金を得たりすることで、生きている間に家の資産価値分まで自分で使うことができる方法です。

「自宅に住み続けながらまとまった資金を手に入れることができる」という点が、リバースモーゲージとリースバックの魅力でしょう。

●最大の違いは所有権の有無

自宅不動産を活用して現金を手に入れるという点では似ていますが、リバースモーゲージは不動産担保融資であるのに対してリースバックは売却であり、本質は全く違います。利用する際は、これからどこでどのように暮らしたいのか希望を明確にした上で、長期的な資金計画を立て、ライフプランに合う方法を選んでください。

ただし、リバースモーゲージは〝融資〟という性質上、審査があり、本人の属性によっては融資を受けられないこともあります。

また、融資限度額は担保となる自宅不動産の評価額の50〜60％という金融機関が多く担保評価も厳しいため、期待するほどの融資は受けられないケースがほとんどです。『リ・バース60』を除けば多くの金融機関で、マンションは対象外となっています。それに対してリースバックは条件によりますが、マンションを買い取ってくれる事業者がいれば契約が成立します。特に、マンションを買い取りしてくれる事業者が多いため、利用しやすいです。

リバースモーゲージは少なくとも現状では、広告宣伝しているほど利用しやすい商品ではありませんが、２０１７年に『リ・バース60』にノンリコース型が登場して以来、利用者数は増えつつあります。ですので、超高齢社会の進展に合わせてリバースモーゲージもさらに身近で利用しやすいものに変わっていく可能性が高いと思います。さて、これまでご紹介したポイントを分かりやすいように表にまとめてみました（**図16**：「リバースモーゲージとリースバックの比較」を参照）。

図16 リバースモーゲージとリースバックの比較

	リバースモーゲージ（所有権あり）	リースバック（所有権なし）
資金使途	任意のケースが多いが、原則事業資金などは不可。	自由（支払いは一括）。
返済	あり（変動金利）。	なし（不動産売買のため）。
資金調達（戸建て）	融資額は土地（路線価）×50%程度のケースが多く、融資条件が厳しい。	市場価格の70%～ 80%前後。
資金調達（マンション）	マンションを取り扱う金融機関は増えてきたが、取り扱い不可の金融機関もある。	市場価格の70%～ 80%前後。
担保の見直し	あり（見直し時、担保評価の下落分の返済が発生するリスクあり）。	なし（不動産売買のため）。
家賃	なし。	あり。
修繕積立金	あり。	なし。
管理費	あり。	なし。
火災保険	あり。	なし（借家人賠償保険要加入）。
固定資産税	あり。	なし。
利用者死亡後相続	あり。相続人が一括返済するか、売却して返済する必要あり。売却しても債務が残る場合は、相続人に返済の請求がくる（ノンリコース型は債務は残らない）。	なし（不動産売買のため）。賃借権は相続するが、終身建物賃貸借は死亡時に終了。

※著者調べ

リバースモーゲージとリースバックの最も大きな違いは、自宅の所有権の有無です。リバースモーゲージは融資なので自宅はそれまでと変わらず自分のものです。ところが、リースバックは以前と同じように自宅に住み続けていても、もはや自分のものではありません。生活する上で「自由にリフォームできない」「勝手に設備の更新ができない」といった不便さが考えられます。しかし、それ以上に、自宅が自分の資産では無くなるという意味は非常に大きいでしょう。

自宅が融資の担保になっていたとしても所有権があれば、事情が変わっても返済することもできますし、さらに資金が必要になったり自宅が要らなくなったりした場合には売却して精算することもできます。これからの自宅の利用についての決定権は自分にあります。

リースバックは、契約者が亡くなったら家を取られてしまうと考えている人が多いようですが、それは誤解です。原則として相続人が一括返済することになりますが、その際に必ずしも自宅を売却する必要はありません。どのようにして返済するかは、相続人の判断に任されます。

もし自宅を売却した場合でも、返済後に余剰資金があれば相続人のものです。ノンリコース型を選択していれば、家を売却しても完済できない事態になっても相続人に債務が残ることはありません。金融機関や商品、状況によっては、本人が亡くなった後、一括返済せず配偶者がリバースモーゲージを引き継いで住み続けられるケースがあります。

このように所有権があるということは、本人にとっても相続人にとっても、自宅の処分についていろいろな選択肢が遺されているわけです。

ところがいったん所有権がなくなると、「失敗した！」と思っても取り返しがつきません。買い戻すにはリースバックで得た以上の資金が必要です。意識としては自分の家のままであっても、現実には家賃を支払って住宅を借りている賃借人にすぎず、家賃が払えなくなったら引っ越しを余儀なくされます。財産の最後の砦ともいうべき自宅を失ってしまうのだとしっかり認識することが必要です。

この点をよく考え、リースバックを利用するときは慎重に検討してください。

さらにいくつかの観点でリバースモーゲージとリースバックを比較してみます。

①調達できる金額

リバースモーゲージでは、融資を行う金融機関が担保評価を行います。評価方法は公開されていませんが、おおよそ時価の8割程度（路線価くらいの水準）といわれています。その担保評価額の50〜70％が融資限度額となるため、最大でも時価の2分の1程度しか借りられない計算です。

さらに、金融機関は定期的に担保評価を見直すため、地価下落などで評価が下がると融資限度額も下がります。融資限度額を超えて融資を受けている場合は超過分の返済を迫られることがあります。

一方でリースバックの買取価格は、時価の80％程度が目安となります。賃貸で住み続けるなどの条件がある分、通常の不動産売買価格よりは低くなりますが、リバースモーゲージよりは大きな金額を一括で入手できます。

②資金の使途

リバースモーゲージは、事業や投資の目的以外であれば、本人及び配偶者の生活資金として自由に使えます。ただし、『リ・バース60』の場合は本人が居住する住宅の建設や購入、リフォーム、住宅ローンの借り換えなど、住宅に関することに使途が限定されています。

リースバックで手にするのは自宅を売却した対価なので、使途の制限は全くありません。何に使っても自由です。

③資金の返済

リバースモーゲージは、本人が亡くなった後に担保となっている不動産を処分して返済するのが基本です。よって、契約中は毎月利息だけを支払い、元本の返済はありません。商品によっては発生した利息も元本に組み入れ、本人死亡後に一括返済するものもあります。

リースバックは借り入れではないため、当然返済はありません。

④住宅に関して掛かる費用

リバースモーゲージの場合は、それまでと同様に持ち家として使用できます。家賃は発生しませんが、所有者として当然掛かる固定資産税や火災保険料、住宅・設備の修繕費用などメンテナンス経費が掛かるのも従来通りです。マンションであれば管理費や修繕積立金も掛かります。

リースバックでは同じ自宅に住み続けていても、所有権の無い賃借人の立場に変わるため、家賃の支払いが必要になります。固定資産税、建物の火災保険料、マンションの場合の管理費や修繕積立金など元々所有者が負担していた費用はなくなります。

その代わり、通常の賃貸と同様に家賃滞納に備えて家賃保証の会社に保証料を支払っておくよう求められるのが一般的です。敷金・礼金、更新料、家賃の値上げや退去時の原状回復については賃貸借契約の際に話し合って取り決めます。火災保険のうち、家財を対象とする保険や住宅に付随する設備が壊れた場合の修繕・更新費用は、原則として賃借人の自己負担ですが、交渉次第でオーナーが負担してくれることもあります。

⑤家族の同意

リバースモーゲージを契約するためには、配偶者以外に同居の家族がいないことや法定相続人の同意を得るなどの条件があります。本人が亡くなった後、相続人が速やかに一括返済してくれれば問題ありませんが、万が一そうならなかったときに備えて、抵当権を行使することを前提とした準備だと思われます。

子どもに家を遺す必要はなくても、「親がお金に困っていると思われるのは嫌だ」という人もいますし、「そもそも融資を受けるのに子どもの同意を得るなど面倒だ」と考える人もいます。結局、「相続人の同意」がネックになってリバースモーゲージを諦めるケースも少なくありません。

リースバックの場合は、共有名義人がいなければ、自分の意思だけで自宅を売却することができます。

リバースモーゲージもリースバックも同様に、資金を得てからの生活設計が大切です。

●「自宅」という名の固定資産を流動化（資金化）する

・リバースモーゲージで資金を借りて自宅に一生住むのか？
・リースバックした元の自宅に一生住むのか？
・年金や貯金で家賃は払っていけるのか？
・将来的に老人ホームなどに入る資金は残るのか？

自宅という資産を流動化しようと考えたとき、これらについて、今一度じっくりと考えてみましょう。リバースモーゲージの場合はあくまでもその資金が利子のつく借り入れであること、リースバックの場合は自宅の所有権がなく、自分の資産ではないということを理解しましょう。

リバースモーゲージやリースバックで得た資金を計画もなく使ってしまい、最終的に老後資金が無いなどということにならないようにしましょう。

05 リバースモーゲージ、リースバックの相談事例

事例２ 竹内政広（仮名）さんの場合

相談者　竹内政広さん（男性）　70歳　自営業　東京都練馬区在住
自宅は戸建て
住宅ローン返済中（残高約１４００万円、毎月の返済額約19万円）
家族は妻56歳　子どもは２人独立

竹内さんは、私の著書『【改定版】老後破産で住む家がなくなる！　あなたは大丈夫？』の新聞広告を見て、相談に来られました。

50歳を過ぎて会社の役員に就任し、定年に関係なく仕事を続けられる見通しが立ったことや、年の離れた妻に資産を遺してあげたいという気持ちもあって、51歳のときに思い切って住宅を購入しました。頭金400万円を入れて、ローンは4800万円で25年返済で、1400万円ほど住宅ローンが残っています。会社役員の仕事は、65歳のときに体調を崩して辞任してしまい収入が激減。とりあえず住宅ローンの返済と生活費を賄ってきましたが、貯蓄残高が200万円にまで減ってしまいました。このままでは貯蓄が底をつくのは時間の問題です。70歳という年齢に加えて大病を経験したことで、このまま住宅ローンを支払い続けていくことに不安を感じ、自宅の売却など生活設計を根本的に見直した方がいいのではないかと思い始めました。

現在の収支状況について聞いてみると、収入は月20万円の年金と知人の会社での業務委託での収入が月10万円、それに奥さんのパート収入が月8万円前後の合計約38万円。知人の会社での業務委託契約がいつまで続くか不明ですが、それが無くなれば年金収入と奥さんのパート収入の約28万円のみになります。一方で支出として、住宅ローン返済が月19万円、社会保険料が夫婦で約５万円、医療費が３万円、生活費が約９万円、合計すると毎月36万円程度が必要とのこと。業務委託の収入がなくなれば、毎月８万円の赤字となります。これでは２年程度で貯蓄は枯渇してしまう計算です。

竹内さんはまず不動産会社に自宅の査定を依頼しました。

竹内さんの自宅を売り出す場合の価格は４２００万円前後になりそうだと分かりました。不動産会社が買い取る場合はその70～80％と安くなりますが、すぐに売買が成立し現金化できるメリットがあります。

思ったよりも評価が高く、売却すれば余剰資金が残るので竹内さんは安心しましたが、奥さんに自宅を手放すことを相談したところ、大反対をされました。

現在竹内さんが抱えている問題は、毎月19万円の住宅ローン返済が苦しいことと、手元の現金がほとんど無いことです。私は竹内さんに、絶対的に今の自宅に住むことにこだわりはあるのか、また所有にこだわるのかを尋ねました。「自分的には自宅は気に入っているのでこのまま住んでいたいとは思うが、収入が限られているので長期的な資金計画を重視したい。その上で妻になにがしかの財産を遺せたらいい。ただ妻には絶対的に住みたい、所有したいというこだわりがある。」という答えでした。

まず自宅に住み続けることを想定して、参考までに査定を依頼した不動産会社にリースバックの場合の見積りを出してもらいました。

リースバックの場合の買取価格はさらに低くなり、3000万円程度のようです。家賃の提示は契約の種類と期間によって家賃が大きく異なる典型的なパターンで、長く住み続けることを前提とした普通借家契約の場合の家賃は、1年で引っ越す前提の定期借家契約・期間1年の場合の2倍以上となっています。

竹内さんの場合は、今だけはどうしても引っ越したくないという事情や希望があ

【不動産会社の査定】

通常の査定価格	4,200万円
不動産業者の買取価格	3,200万円

【リースバックの見積り】

リースバックの場合の買取価格の目安	3,000万円
リースバックの場合の家賃の目安：	
普通借家契約・2年の場合	月額家賃 190,000円
定期借家契約・2年の場合	月額家賃 150,000円
定期借家契約・1年の場合	月額家賃 80,000円

るわけではないので、定期借家契約で安い家賃を選択する理由はありません。しかし、普通借家契約の場合の家賃19万円だと今までの住宅ローン返済と同額で、竹内さんのほぼ年金をすべてつぎ込むことになります。売買代金からローン返済を差し引いて約１６００万円が手元に残ったとしても資金計画上は厳しそうです。

リースバックで、売却してしまえば不動産資産はなくなります。竹内さんの自宅は立地や周りの環境が良くこれから先も地価が安定的に推移することが予想されるので、安く手放してしまうのは得策ではありません。また奥さんも所有に絶対的なこだわりがあり、所有権を温存する方が有利であると考え、奥さんも含めて面談をし、リバースモーゲージをおすすめしました。

その後、竹内さん夫婦はリバースモーゲージを申し込みし、次ページの条件で住宅ローンをリバースモーゲージに借り換えることができました。

リバースモーゲージは担保評価が厳しく融資額が小さいのがデメリットですが、竹内さんの自宅の時価は４２００万円ですので、住宅ローン残高１４００万円で融資が受けられることになりました。リバースモーゲージに借り換えることができ、元金は減りませんが、利息のみの支払いで済み、キャッシュフローに余裕ができます。リースバックの場合の家賃も要らないので、竹内さんの年金と奥さんの収入で基本的な生活費は賄えるでしょう。公的年金は終身ですから、これなら長期的にも大丈夫です。ただし、団体信用保険は失効してしまうので竹内さんに何かあったときもローンは無くなりません。そこはしっかり説明しご理解いただきました。

今後、まとまった資金が必要になったときは、自宅を売却すれば、リバースモーゲージを一括返済しても手元に資金が残るはずです。何より、負債付きとはいえ奥さんに自宅を遺すことができます。竹内さんがもし亡くなった後でも、奥さんがリバースモーゲージを引き継ぐか、売却するか、その時点で選択すればよいのです。

住宅ローン
残債務：1,400万円
金利1.5%変動：25年返済
月額返済：19万円

↓

リバースモーゲージで借り換え
融資金額：1,400万円
金利2.7%変動：終身
月額返済：3万1,500円（利息払いのみ）

【借り換えの効果】
毎月の返済を158,500円軽減できた

竹内さんからは、「今までローンの返済について妻に相談できませんでしたが、今回のことで、妻にも現実を分かってもらうことができました。またリバースモーゲージで借り入れすることを子どもたちにも話しましたが、子どもたちは特に実家を残して欲しいという希望もなく、両親の好きなようにして欲しいと言ってくれました。今まで妻は子どもたちに実家を残したいという思いもあり、絶対に売りたくない、住み続けたいの一点張りでしたが、今後の状況によっては売却して住み替えることも検討できるまでの心の余裕ができたようです。あと数年はこの自宅に住み続けて老後の生活について夫婦で考えていきたいと思います。」とお手紙をいただきました。

ローン返済に追われる日々から解放されたことで、心の余裕もできたことは本当に良かったです。

事例3 佐藤友美（仮名）さんの場合

相談者　佐藤友美さん（女性）　57歳　契約社員　神奈川県横浜市在住
自宅は戸建て（賃貸併用）　夫と妻の共有名義
家賃収入は、月額7万円
住宅ローン返済中（残高2000万円、毎月の返済額20万円）
家族は夫68歳　子どもなし

佐藤さんは、夫が病気になったことで住宅ローンの返済が苦しく、今月にも滞納せざるを得ない状況になってしまったと相談に来られました。話を聞いてみると、68歳の夫は長年の持病が悪化し余命数年と診断され、仕事ができなくなってしまったとのことでした。最期は自宅で過ごしたいという夫の希望をなんとか叶えてあげたいと思っているものの、このままでは住宅ローンを滞納し、家を失ってしまいそうだと悲痛な面持ちでした。

自宅は横浜市の賃貸併用の一戸建て。夫が57歳のとき、家を買うなら最後のチャンスだと考え、返済期間20年、金利２・５％、３８００万円の住宅ローンを組んで購入しました。毎月の返済額は20万円ほどですが、佐藤さんも以前は正社員で働いていましたし、夫は若いときに脱サラし自営業を営んでいたため、歳をとっても働けるから大丈夫だと思っていました。

実際、夫が病気になるまでは無事に返済してきました。しかし、夫が働けなくなると、収入は夫の年金（月額７万円）だけに。貯蓄は家を買うときにすべてつぎ込んでしまい、その後は住宅ローン返済などに追われて貯蓄をする余裕などありませんでした。

佐藤さんも働いていましたが、収入は月20万円ほどです。夫の年金７万円と、２階の一部を貸している家賃収入７万円を合わせて月34万円のうち20万円は、住宅ローン返済に消えてしまいます。医療費の支払いもかさむ中で、生活費を捻出するために生命保険もすべて解約してしまいました。

このままではいけない。なんとかしてお金を作らなくては。自宅を売ればまとまったお金が手に入るが、夫が自宅で過ごしたいと望んでいる以上、手放すわけにはいかない……。佐藤さんは途方に暮れていました。

佐藤さんはできればリバースモーゲージをしたいとの希望でした。リバースモーゲージなら自宅を手放さずに済み、資金調達できると考えたからです。調べてみると、佐藤さんの自宅の時価は4000万円程度であることが分かりました。担保評価が8割程度として、その60%が融資限度額だとすると、うまくいけば2000万円くらいは借りられるかもしれません。

しかし、住宅ローンの残債務が約2000万円あるので、めいっぱい借りてもローンが完済できるかどうか、ギリギリのところです。とても医療費は捻出できません。

【A社：不動産業者・リースバック事業者】

買取価格：2,700万円

賃貸借契約：3年の定期借家契約、再契約相談
敷金1ヶ月、賃貸保証会社加入

家賃：18万円（2階の家賃7万円込み・表面利回り8.0%）

再売買（買い戻し）：定期借家契約期間内なら相談可能

おまけに、自宅の2階の一部を賃貸で貸しているため、自宅に賃借人がいる状態では、リバースモーゲージの審査条件で厳しくなります。また売却するにも買主の建物の使用が限られてしまい、一般の戸建てより価格が下がってしまう可能性もあります。

そこで私が提案したのはリースバックです。所有権は無くなってしまいますが、そのまま住み続けるという希望は叶いますし、リースバックの買取価格はもっと高いはずです。またお子さんがいないので相続で遺すという必要もありません。夫が亡くなった後のことを考えると、佐藤さんが今の自宅に住むことにこだわる期間はそれほど長くないかもしれませんが、とにかく今は夫のために家に住み続けるという状況を作ってあげたかったのです。まずA社・不動産業者にリースバックでの買取金額の見

【B社：ノンバンク系金融機関・リースバック事業者】
買取価格：3,000万円
賃貸借契約：3年の普通借家契約、更新料なし
敷金1カ月、賃貸保証会社加入
家賃：15万円（2階の家賃7万円込み・表面利回り6%）
そのほか：大手警備会社のセキュリティサービス付き
再売買（買い戻し）：3,500万円で賃貸借契約期間内ならいつでも相談可能

積りを依頼しました。2階の一部を7万円で賃貸にしていることがネックとなったのか、買取金額が想定よりも伸びず2700万円でした。提示された条件は前ページの通りです。

時価4000万円の自宅ですから、もう少し買取価格が高いところがあるはずとほかの事業者をあたってみることにしました。

そして、B社・ノンバンク系金融機関のリースバック事業者が提案してきた買取価格は3000万円でした。賃貸のことを考慮すると、時価の75%程度は上出来です。賃貸借契約の方も好条件が提示されました。

最初の不動産業者と比べると、はるかに良い内容です。問題となっている2階の賃借人については、佐藤さんと契約して家賃を支払っている現状のままでよい、つまり転貸OKということになりました。その代わり、将来佐藤さんが家を出るときは、その賃借人も一緒に退去することという条件が付きました。そのため、15万円から2階の家賃収入7万円を引いたら佐藤さんの実質負担家賃は、8万円になります。

また再売買（買い戻し）も希望があれば賃貸借期間中ならいつでも可能という条件がつきました。佐藤さんは再度自宅を購入する可能性は極めて低いですが、夫と住んだ土地建物が、将来的に自分が所有できる可能性があるということは希望が持てることでした。

Ｂ社のリースバック契約の内容を説明したところ、佐藤さんは納得してＢ社と契約しました。賃借人にはオーナーが変わるけれども契約はこれまで通りですし、自分はここを引っ越す予定はないので大丈夫だと説明し納得してもらいました。

自宅売却で手にした３０００万円で住宅ローンは完済、夫の医療費の手当てもできました。

なにより、まとまった資金が手元に残り、経済的にも精神的にも余裕を持つことができたことは良かったと思います。ご主人の希望どおり、思い出の詰まった自宅でお２人で穏やかな時間を過ごされることを願っています。

第３章

住宅ローンが払えなくなるとどうなるのか？

01 定年後の住宅ローン返済が難しいとき

長寿はとても幸せなことですが、年金に頼る生活が長くなると現役時代に準備した老後資金を使い果たしてしまうこともあり得ます。少子化の中で年金制度を維持するため、公的年金の給付水準は低下せざるを得ません。本格的なインフレ時代を迎えた今、年金受給世代の方々にとっては厳しい環境が訪れることが予想されます。

第2章では、持ち家を活用して資金を手に入れる方法として、リバースモーゲージとリースバックをご紹介しました。手元の資金が足りなくなる原因は人によってさまざまですが、多くの人に共通するのが、定年後も住宅ローン返済が続いていることです。

住宅取得年齢が徐々に上がっており、完済時が80歳までの住宅ローンを組めるようになりました。繰上返済や退職金を利用して定年退職時までに完済できていればよいのですが、残ってしまうと家計にとって大きな負担になります。近年、定年年齢の引き上げ、雇用継続や再雇用、あるいはシニア起業などで、高齢者が働いて収入を得る機会が増えてはいます。しかし、雇用継続や再雇用では現役時代に比べて収入が激減することは避けられません。また、1年契約など雇用契約の変更や更新などに伴い、身分も不安定になります。さらに高齢になると病気や家族の介護などで急に働けなくなる可能性も高く、「働かないと住宅ローンが返せない」という状況には危うさを感じます。

くわえて、返済が困難になってから慌てて自宅を売却しようと思っても、ローン残高が住宅の時価を上回っている「オーバーローン」の状態では、売るに売れないということも起こり得ます。返済が遅れてしまうと、その間にも遅延損害金は増え続けます。先が見えない不安というのは、本当に気がかりで恐ろしいものです。

この章では住宅ローンを滞納するとどうなるのか、滞納すると起こる事実を時系列に沿って解説していきます。

02 住宅ローンを滞納するとどうなるのか？

「住宅ローンを払えなくなったらおしまいだ。家を失って一家で路頭に迷うことになる」と恐れている人が多いと思います。もちろん住宅ローンはきちんと返済するのが当たり前なのですが、返せなくなったからといってすぐに追い出されるといった恐ろしい事態が起こるわけではありません。

むしろ「住宅ローンだけはなんとかしなくては……」と思うあまり、カードローンや消費者金融などで安易にお金を借りてその場をしのいでいるうちに高金利の負債がかさんでしまうことの方が危険です。住宅ローンが払えないという現実と向き合い、ご自身の状況をきちんと把握した上で、早めに金融機関や当ＮＰＯ法人のような専門のコンサルタントに相談することが大切です。

住宅ローンを滞納するとどうなるのか、何が起こるのかを順を追って見てみましょう。

住宅ローン滞納１ヶ月〜３ヶ月

＊滞納１ヶ月ほどで起きること

・電話や通知で督促が届く。

住宅ローンを滞納すると、金融機関によって多少異なりますが、まず電話や郵便で督促が来ます。1ヶ月くらいの滞納であれば普通郵便で、「今回引き落としができませんでしたので、次回引き落とし日までにご入金をお願いします」といった内容の通知が届くだけで、まだ対応は優しい感じです。

＊滞納２ヶ月〜３ヶ月ごろに起きること

・通知や電話の対応もいくらか厳しくなってくる。

・ローン会社の職員が自宅に訪ねてくる場合もある。

・「期限の利益の喪失」予告の通知も届くようになる。
・ブラックリストに延滞情報が登録される。

滞納が2ヶ月～3ヶ月になってくると、電話も厳しい対応になり、職員が自宅に訪ねてくる場合もあります。届く通知の内容も、「このまま滞納が続くと法的措置を取らざるを得なくなります」という厳しい内容になってきます。また、「期限の利益の喪失」予告の通知も届くようになります。

●「期限の利益の喪失」とは？

「期限の利益」とは、一定の期日が到来するまでの間、借金の返済や代金の支払いをしなくてよい利益のことを意味します。

住宅ローンを借りるとき、30年、35年などの返済期限を決めて分割払いで返済していくという契約をします。その契約を守って支払っていけば一括返済を求められることはなく、「期限」内に分割で支払っていけばよいのです。借り手側からすると、この「期限」が「利益」というわけです。

途中で全額返済ができる場合は、借り手側が「期限の利益」を放棄して、全額繰上返済をすることも可能です。

しかし、ある一定の期間、返済を滞納するとそれは契約違反となり、期限の利益が失われます。これが「期限の利益の喪失」です。「期限の利益の喪失」となると、全額繰上返済を求められることになります。

※金融機関によって期限の利益の喪失の時期が異なりますので注意が必要です。

●ブラックリストとは？

よく「ブラックリスト」と耳にしますが、俗に言う「ブラックリスト」というリストは存在しません。「ブラックリスト」とは、個人信用情報機関のことを言います。

金融機関がお金を貸すときに、必ずこの個人信用情報機関に情報を登録し、返済状況などを報告しています。

個人信用情報機関は、３社あります。

図17 個人信用情報機関

個人信用情報機関名	加盟している会員の種類	登録情報の期間
株式会社 シー・アイ・シー（CIC）	クレジットカード会社、ローンを取り扱う銀行、消費者金融など	延滞情報…5年 債務情報…5年
株式会社日本信用情報機構（JICC）	主に消費者金融、クレジットカード会社、リース会社、銀行、保証会社など	延滞情報…5年 債務情報…5年
一般社団法人全国銀行協会（JBA）が運営する全国銀行個人信用情報センター（KSC）	（社）全国銀行協会に加盟している都市銀行、信託銀行、地方銀行、信用金庫、信用組合、農協などの金融機関、保証会社、ローン会社、ほぼすべての金融機関	延滞情報…5年 債務情報…5年 官報情報…10年 （自己破産など）

※著者調べ

①株式会社シー・アイ・シー（ＣＩＣ）
②株式会社日本信用情報機構（ＪＩＣＣ）
③全国銀行個人信用情報センター（ＫＳＣ）

これらの情報は金融機関の審査で必ず用いられ、多重債務や過剰貸付にならないよう、ＣＲＩＮ（ＣＩＣ、ＪＩＣＣ、ＪＢＡの相互交流ネットワーク）やＦＩＮＥ（貸金業務に基づくＪＩＣＣとＣＩＣの相互情報交流ネットワーク）で情報が流通しています（図17：「個人信用情報機関」を参照）。

次にお見せするのはＣＩＣの信用開示報告書ですが、自分自身の情報は開示請求をすることで確認することができます（図18：「開示

図18 開示報告書 見本

クレジット情報　1／3件目　1.登録元会社：○○○クレジット(株)

受付日　：令和02年05月25日
受付番号　：20-01-123456
2.保有期限：

〈属性〉

3.氏名	○○○○　○○○○ ○○　○○		
4.生年月日	昭和62年01月23日	5.性別	男
6.電話番号	03-1234-5678　090-1234-5678		
7.住所	東京都新宿区西新宿1-23-7　新宿ファーストマンション123号室		
8.勤務先名	シーアイショウジ		
9.勤務先電話	03-8765-4321		
10.公的資料	運転免許証	300012341234 (確認日)　平成29年03月21日	
11.配偶者氏名			

〈契約内容〉

12.契約の種類	本人
13.契約の内容	カード等
14.契約年月日	平成29年03月21日
15.契約終了予定日	
16.支払回数	リボ機能付き
17.契約額	
18.極度額	300千円
(内キャッシング枠)	100千円
19.商品名1	キャッシング付
(数量・回数・期間)	
20.商品名2	
(数量・回数・期間)	
21.商品名3	
(数量・回数・期間)	

〈お支払の状況〉

22.報告日	令和02年04月20日
23.請求額	200千円
24.入金額	0千円
25.残債額	200千円
(内キャッシング残債枠)	50千円
26.返済状況	異動
(異動発生日)	★令和元年12月10日
27.経過状況	
(経過状況発生日)	
28.補足内容	
(遅延解消日)	
29.保証履行額	
30.金額	
31.終了状況	

〈割賦販売法の登録内容〉

32.割賦残債額	150千円
33.年間請求予定額	150千円
34.支払遅延有無	元本手数料
(遅延発生日)	令和元年12月10日
(遅延解消日)	

〈貸金業法の登録内容〉

35.確定日	令和02年02月10日
36.残高	200,000円
(内キャッシング残高)	50,000円
37.契約額	
38.極度額	300,000円
(内キャッシング枠)	100,000円
39.商品名	キャッシング付
40.貸付日	令和元年10月20日
41.貸付額	60,000円
42.出金額	30,000円
43.最新支払日	令和元年11月10日
44.次回支払予定日	令和元年12月10日
45.遅延有無	元本利息
46.担保・保証人有無	担保：無　保証人：無
47.終了状況	

〈入金状況〉

年	R02				R01								H31				H30							
月	4月	3月	2月	1月	12月	11月	10月	9月	8月	7月	6月	5月	4月	3月	2月	1月	12月	11月	10月	9月	8月	7月	6月	5月
状況	A	A	A	A	A	$	$	$	―	―	$	$	$	P	$	$	$	$	$	$	$	$	$	$

報告書 見本」を参照)。

延滞記録は、**図18**の★の部分に情報が出ます。詳細は株式会社シー・アイ・シーのホームページでご確認ください。

・株式会社シー・アイ・シー「信用情報開示報告書の見方」
(https://www.cic.co.jp/mydata/report/documents/kaijimikata.pdf)

◉ 住宅ローン滞納４ヶ月～６ヶ月

✳滞納４ヶ月～６ヶ月になされること

・配達記録や内容証明のついた郵便で通知が届く。

・滞納分を全額払わないと「期限の利益の喪失」となる。
・一括請求され（当然支払えないので）、代位弁済へと進む。

ここまで滞納期間が続くと、郵便も配達記録や内容証明郵便など記録のついた郵便になります。通知の中には、

「○月○日までにお支払いをいただけないと期限の利益が喪失しますので、○月○日までに滞納分を全額お支払いください。」

「代位弁済を行うことになりますので、○月○日までに滞納分を全額お支払いください。」

といったさらに厳しい内容が記されています。

滞納分を全額払わないと「期限の利益の喪失」となり、今まで通り分割での返済はできなくなってしまいます。ここでなんとか滞納分を準備して「期限の利益の喪失」を阻止できればよいのですが、それができない場合はローンの残債務すべてを一括請求され、保証会社などが代位弁済をすることになります。

●保証会社とは？

保証会社とは住宅ローン契約者が返済できなくなったときに、代わりに残債務を引き受けて返済するという保証をしてくれる会社です。従来の連帯保証人代わるもので、最近では保証人ではなく保証会社を付ける場合がほとんどです。

住宅ローンの契約時に、借り手は保証人になってもらう手数料として保証料を支払います。保証料は、契約時に一括で払う場合や毎月の金利に含まれている場合があります。

●「代位弁済」とは？

代位弁済とは、借主（債務者）がなんらかの

※『フラット35』の場合

『フラット35』は、全国の金融機関が独立行政法人住宅金融支援機構と提携して扱う「全期間固定金利型住宅ローン」です。融資の窓口は金融機関ですが、住宅金融支援機構が債権を買い取るため、ローンの対象となる不動産に住宅金融支援機構を抵当権者とする第1順位の抵当権を設定します。

『フラット35』は保証人不要で、保証会社も付いていません。滞納して期限の利益を喪失しても代位弁済されることはなく、債権者は住宅金融支援機構のままです。ただし、債権回収業務は専門の業者（サービサー）に委託しており、任意売却や競売に関してはサービサーと交渉することになります。

理由で借金の返済ができなくなったとき、間に入っている保証会社などが、借主に代わって貸主に借金を返済することです。

金融機関が保証会社を付けている場合、借主が住宅ローンを返せなくなると、借主の代わりに保証会社が金融機関に全額返済します。保証会社が代わりに払ったので、借主に支払いを求める権利（求償権）は金融機関から保証会社に移ります。保証会社は今までの分割払いではなく、代わりに支払った金額全額を借主に一括請求します。

03 期限の利益の喪失後の流れを知る

「期限の利益の喪失」後

＊「期限の利益の喪失」後になされること
- 金融機関から全額一括請求される（↓返済できない）。
- 金融機関は保証会社に請求し、保証会社が代位弁済する。
- 求償権が保証会社に移り、保証会社から競売の申し立ての通知が届く。
- 個人信用情報機関に「異動」情報が登録される＝ブラックリストに載る。

期限の利益を喪失すると、金融機関から残債務全額について一括請求されます。毎月の返済ができずに滞納が起きたわけですから、当然、一括返済などできません。金融機関が保証会社を付けている場合は、保証会社に代わりに支払うよう請求し、保証会社が代位弁済します。すると保証会社から、借主の元に、

「○○銀行から催告があり、当社が代位弁済したので、○月○日までに全額○○千万円＋延滞利息○○万円をお支払いください。お支払いが無い場合は、競売の申し立てをします。」

という内容の通知が届きます。

この段階になると滞納分を揃えても受け取ってもらえず、ローン残高全額を払わなくてはならなくなります。毎月の住宅ローン数万円が払えないのに、一括の数百万、数千万を用意できる人はいません。こうなるとほぼお手上げ状態となります。

加えて代位弁済後には、ローン残高全額に対して遅延損害金が掛かります。利率は住宅ローンの利息1％や3％といったものではなく、14％相当が加算されます。たとえばローン残高が3000万円だとすると、年利14％で420万、月額35万、1日に換算すると1万1600円ほどになり、借金がどんどん増えていくことになります。

期限の喪失後、一括請求の時点で通称「ブラックリスト」と呼ばれる個人信用情報機関に、今度は異動情報が登録されます。異動情報の登録をされると、いわゆる「ブラック」となり、最低5年は新たにローンを組むことができなくなると言われています。「契約完了から5年」とされているので、完済もしくは解決ができないと、さらにブラックの状態が続くこともあります。ただしブラックであることは、他人には分かりませんし、生活に支障が出ることはほぼありません。

不便があるとすれば、新たなクレジット審査やローンの審査に通らなくなることですが、ほとんどの場合、既存のクレジットカードはそのまま使用できます（自己破産の場合はデビットカードを除いて、既存のカードも使用できなくなります）。

この情報もＣＩＣの信用開示報告書で確認することができます。本書１７１ページに掲載した**図18**の「異動」情報の部分です。詳細は１７１ページに記載してある株式会社シー・アイ・シーのホームページでご確認ください。

競売の申し立て〜落札

保証会社などの債権者は、全額一括請求をして支払われない場合、担保に取っている不動産を「競売」に掛けるために、裁判所に「競売申立」の手続きをします。競売申立には債権者が物件を差し押さえる権利を持っていることを証明する書類などを揃える必要があり、保証会社などに債権が移管されてから競売申立まで1ヶ月ほど掛かります（図19：「競売の流れと任意売却可能期間」を参照）。

裁判所は書類を確認し「競売開始決定」を行います。競売開始決定がされると、不動産の登記簿謄本の甲区の欄に「差押」「競売開始決定」という登記がされ、登記簿謄本を見れば、その不動産が競売に掛けられていることが分かってしまいます。所有者は売却など不動産を自由に処分することができなくなります。

同時に、債務者の元には裁判所から「競売開始決定通知」（図19の④）というものが届きます。「担保不動産競売事件」として事件番号という番号が付けられます。

裁判所は、担保不動産を競売に掛けて競売で落札した人からお金をもらい、債権

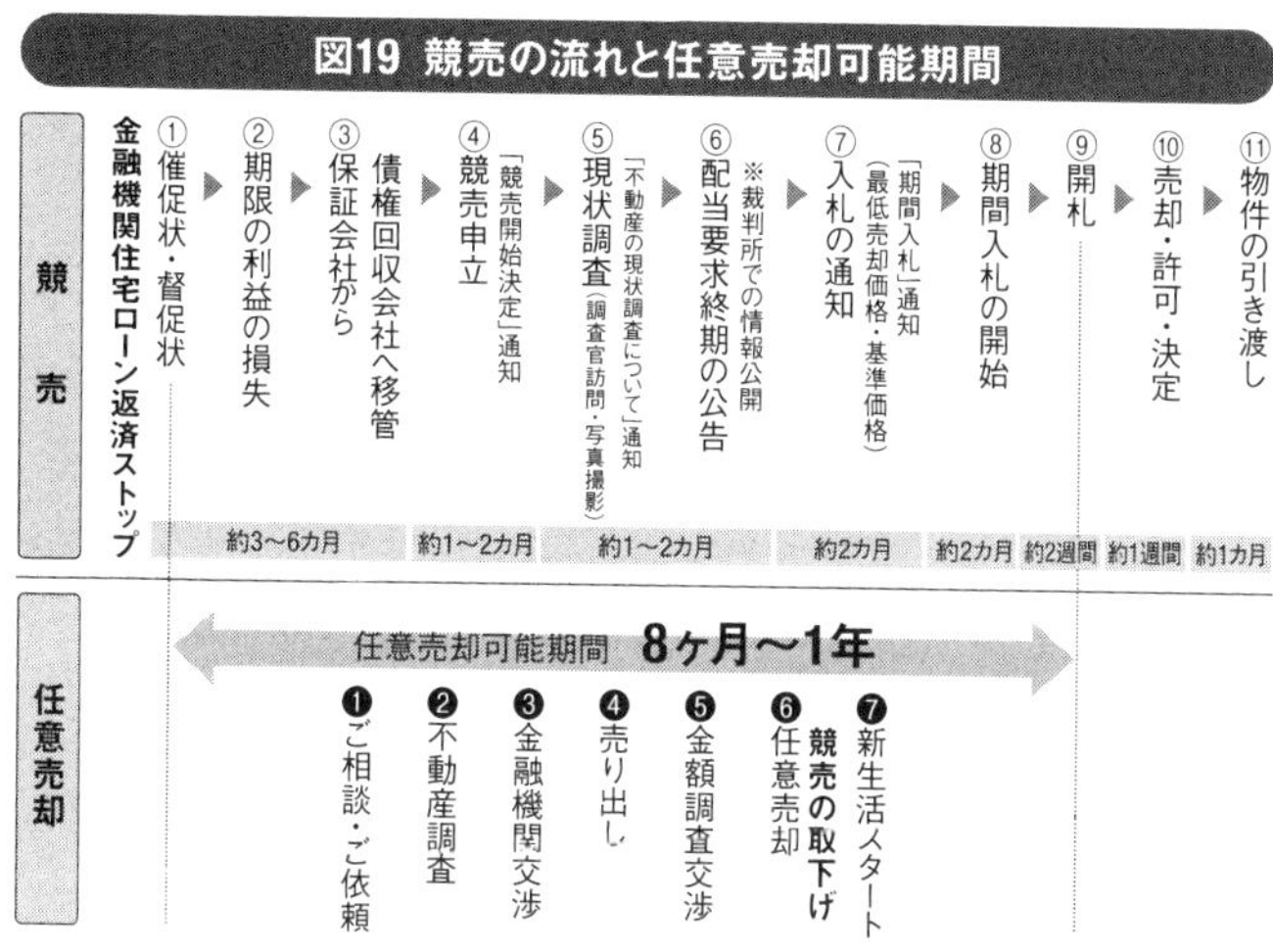

者に分配する手続きをします。「裁判所に家を競売に掛けないで欲しい」と申し立てても競売を申し立てた金融機関が取り下げない限り競売は止まらず、手続きはどんどん進みます。

競売開始決定通知が届くと、次は執行官が不動産鑑定士を連れて家に訪ねてきます。執行官とは、競売を進めていく上で手続きを執行する人で、自宅の調査をするためにやって来ます（**図19**の⑤）。

事前に自宅の調査の日を文書などで通知してくれますが、その日程がどうしても都合が悪い場合は日程の調整ができるケースがほとんどです。しかし、執行官による現況調査には強制力があるため、あまり日程を延ばしたり拒否し続けたりすると、鍵屋を手配して鍵を開けて室内に入って調査をされてしまうこともあります。鍵を勝手に開けられたとしても異議を申し立てることはできません。

また、179ページの**図19**の⑥の「配当要求終期の公告」がされると、裁判所で競売になる物件の情報が一般公開されます。

「配当要求終期の公告」は、競売の申立者以外に債権を持っている債権者がいれば裁判所に申し出るよう知らせる制度です

この情報は誰でも見られるので、不動産業者が自宅に任意売却をすすめるDMを送ってきたり、訪問してきたりします。執行官や不動産業者が自宅に来ることで、競売になっていることが近所の人にバレてしまう可能性もあります。

競売の準備ができると、裁判所から「期間入札の通知」（179ページの**図19**の⑦）が届きます。通知書には、競売の評価額、入札の日程などが記載されています。通知が届いてから約2ヶ月後に期間入札（179ページの**図19**の⑧）が行われます。

期間入札とは入札の方法の1つで、入札公示日から一定期間をおいて入札を行い、

入札期間内に買受希望者からの入札を募るものです。入札情報が公示されると、新聞やインターネットなどで物件情報が公開され、間取りや現況調査の際の室内写真などを誰でも見られるようになります。

競売開始決定から競売の落札までの期間は、およそ6ヶ月〜7ヶ月間です。

※裁判所や物件の特性によって期間が異なる場合があるので注意が必要です。

競売による所有権移転

開札日（179ページの図19の⑨）とは、入札の締め切りで落札者を決定する日のことです。開札日に一番高値を提示した人が落札者となり、裁判所の審査を経て、開札日の約1週間後に売却許可決定が出ます。

そこで正式にその人に所有権を移転することが決定されます。決定から約1ヶ月〜1ヶ月半で落札者が裁判所に代金を納付、同時に裁判所が所有権移転登記を行います。

このような段階を経て、競売によって自宅は他人の物になります。

自宅からの退去

競売が終了し所有権が移転すると、競売で落札した人から退去を要求されます。直接交渉し、退去日を話し合って決定することも多いですが、ここで交渉が決裂すると、裁判所による強制執行手続きによって退去させられることになります。

つまり、この時点ではもう自宅の所有者ではなく、元所有者で占有者となってしまいます。どんなに抵抗しても、強制的に追い出されてしまいます。

競売後の注意点

住宅ローンの残債務が残る場合、残債務を返済していかなくてはならない

競売での売却代金は裁判所から債権者に支払われます。それでも住宅ローン残高全額をカバーできない場合、物件を手放したにもかかわらず債務が残り、債権者から残りの金額を請求されます。そこには残高の元金に加え、遅延損害金が加算されることになります。

ここまで、住宅ローンを滞納するとどうなるのか、競売で自宅を失い退去に至るまでを順を追ってご説明しました。競売になるとしても、自宅明け渡しまで1年以上の時間的猶予があることがお分かりいただけたでしょうか。

滞納が始まってから競売開始決定まで4～8ヶ月、競売開始決定がなされてから競売の開札日まで5～6ヶ月掛かります。何もしなければ競売に向かって粛々と手続きが進むだけですが、この間に少しでも有利な形で解決できるように動いてみることが、その後の生活再建を左右します。

次章でも詳しく書きますが、競売の手続きが進行中であってもできる対策として、「任意売却」という方法をご紹介します。

●競売の手続きが進行中でも「任意売却」という方法がある

「⑥配当要求終期の公告」の説明（180ページ）の中で「不動産業者が自宅に任意売却をすすめるＤＭを送ってきたり……」と書きましたが、競売の手続きが進行中でも「任意売却」という方法があります（詳しくは次章をご参照ください）。

179ページの**図19**からも分かるように住宅ローンの滞納から競売開始決定までの期間は約6ヶ月、競売の落札までは約1年と、結構長い時間があるということになります。

その間に督促が来たり、ブラックリストに登録されたり、競売の通知が来たり、執行官が来たり、不動産屋が訪ねてきたり……さまざまなことがありますが、すぐに自宅が競売に掛けられ、追い出されるということはありません。

何が言いたいかというと、「時間はある」ということです。

その間に「任意売却」という方法で、債権者である金融機関と合意をすれば、競売を回避することができます。

任意売却とは債権者の許可を得て、不動産を売却する方法です。競売開始決定前に任意売却で解決できれば、「差押」登記がつかずに売却が可能となり、周囲に住宅ローンが払えず競売になる物件だと知られずに済むというメリットがあります。競売開始決定後でも債権者と合意し任意売却ができれば、競売は取り下げられます。

競売は裁判所がすべて手続きをしてくれて自分は何もしなくてもいいのに対して、

任意売却の場合は自ら任意売却の業者を選び、債権者である金融機関とも交渉しなくてはいけません。自宅が少しでも高く売れるよう協力することも求められます。住宅ローンを滞納してしまうほど経済的に追い詰められている状況では、なかなか自分から行動を起こす気持ちになれないかもしれませんが、ここが正念場です。

ただし、オーバーローンの場合は、任意売却でも競売でも債務は残ってしまい、売却後も支払っていかなくてはなりません。

残債務については、次章で解説しますが、法的整理、私的整理などで自分の生活状況に合わせて整理する方法があります。

●先が見えない不安、先が見える安心

住宅ローンが払えない、競売になる、自己破産しかない……未来への漠然とした不安で怖くて逃げたくなるかもしれませんが、住宅ローンが払えず滞納してしまっている状況でも、競売になるまではまだ時間があります。「今すぐに競売！」ということにはなりませんし、早ければ早いほど対処法はあります。

どうか1人で苦しまず、専門の不動産業者や私たちのような相談窓口に相談してみてください。

たくさんの相談者の方とお話ししてきたからこそ申し上げたいのですが、第三者に相談する勇気が必要だと思うのです。

第４章

住宅ローンが払えなくなったときの５つの解決策

01 時間の経過とともに解決の選択肢は減っていく

住宅ローンを払えなくなって滞納しても、すぐに家を追い出されるような事態にはならないことがこれまでの説明でお分かりいただけたと思います。しかし、そのまま何もせずに放っておいてよいというわけではありません。時間の経過とともに延滞利息などで残債務は増えていき、逆に解決策の選択肢は減っていきます。

シニア層の場合、自分の力で収入を増やすことは難しいので、限られた収入と今ある資産を活用して生活を立て直すことが大切です。

では、段階別に解決方法を解説していきましょう。

解決策を最初に挙げると、次の5つになります。

5つの解決策とは

1. 借り換え
2. 金融機関へのリスケジュール（シルバー返済特例などの条件変更）
3. 個人再生手続き
4. 親子間売買（相手が親族の場合もある）
5. 任意売却

それではこれらについて、詳しく解説していきます。

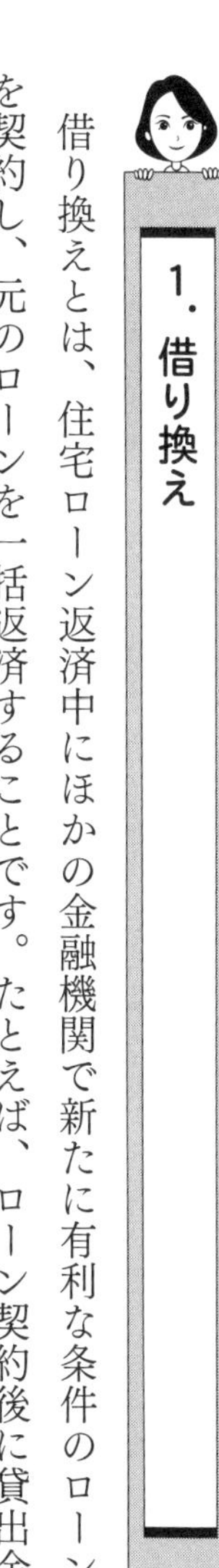

1. 借り換え

借り換えとは、住宅ローン返済中にほかの金融機関で新たに有利な条件のローンを契約し、元のローンを一括返済することです。たとえば、ローン契約後に貸出金利の水準が下がった場合、低い金利のローンに借り換えることで、金利負担を軽減することができます。

住宅ローンは借入額が大きく返済期間が長いため、金利が少し下がるだけでも返済総額を大きく減らす効果があります。借り換えの際には、金利以外に返済期間、固定金利か変動金利か、団体信用保険の内容などローンの条件を選択し直すことになります。

返済が苦しく月々の支払いを減らしたいという場合だけでなく、金利動向を見て無駄な金利支払いを無くす家計の見直しが目的でも利用します。

バブル期には住宅金融公庫の住宅ローン金利が5％台でしたから、その後の金利低下を受けて、多くの人が住宅ローンの借り換えを行いました。２０１６年の日銀のマイナス金利政策以降、日本の住宅ローン金利は非常に低い水準にあります。現在ローン返済中の人は、今よりも高い金利で借りている人が多いと思われます。しかし、借り換えには手数料などの費用が掛かるため、借り換えで費用を上回るメリットが出るかどうかは、具体的に試算しなければ判断できません。

一般に、ローンの借り換えでメリットがある目安は、「残債務１０００万円以上、残りの返済期間10年以上、金利差１％以上」と言われています。当てはまる場合は、借り換え候補となる金融機関の条件で試算してみるとよいでしょう。

ただし、借り換え時にも審査がありますので、大前提として収入があることが求められます。収入の額も重要なポイントとなります。

また、滞納があると借り換えはできません。本当に苦しくて借り換えで返済負担を軽減したいのであれば、早めに動く必要があります。

借り換えを検討するとき、まず現在のローンについて左記事項を確認してみてください。

●「借り換え」検討の確認事項

①現時点の住宅ローン残高。
②金利は何％か。
③変動金利か固定金利か。

④残りの返済期間。
⑤ボーナス払いの有無。
⑥保証料が金利に組み込まれているか、一括払いか。
⑦団体信用生命保険は金利に組み込まれているか、年間払いにしているか

金融機関によって保証料や団体信用生命保険の保険料の支払い方が異なり、金利に含まれていることもありますので、見た目の金利差だけでなく、契約した場合の実質的な負担がどうなるかで比較検討してください。

また、借り換えの際の手数料も金融機関によって異なります。ほかにも抵当権の抹消・設定の登記費用などさまざまな費用が必要となるため、自分のケースで諸費用がどれくらい必要かは必ず確認しておきましょう。場合によって

※『フラット35』の場合

・完済年齢：満80歳まで
・最大35年まで延長可能（当初30年で組んでいる人は5年期間の延長が可能）
・年金収入も収入としてみなす
・返済比率：年収400万円未満 30%、年収400万円以上 35%
・諸費用分も借り換え可能（登記費用・融資手数料・印紙代など）

は借り換えをしない方がよいという結論もあり得ます。

※諸費用については、197ページの「借り換えで気をつけるポイント」の項目を参照してください。
ご参考までにフラット35に借り換える場合の主な条件を右ページに記載しておきます。

「退職してボーナスが無くなったのでボーナス払いをやめたい」という場合も、借り換えることになります。金融機関によってはボーナス払いの有無を変更できるところもあるようですが、手続きや審査などを考えると、多少なりとも金利が下がる借り換えの方が有利と判断されるケースも多いです。

借り換えと簡単に言いますが、実際に自分で行動を起こすのにはエネルギーが要ります。現役で働いているうちは、金利が高いので借り換えた方がいいと分かっていても、後回しにしがちです。定年を迎え収入が激減して初めて、「このままではまずい」と焦るものです。ただ、「定年後になると収入が減ったから借り換えなどできるはずがない」と思っている人は少なくありません。事実、年齢や収入が条件に合わず、思うように借り換えができないケースもありますが、住宅ローンを扱うところはさまざまありますので、ぜひやってみてください。

たとえば年金収入は収入にみなさないという金融機関もありますが、フラット35などは年金収入だけでも申し込みをして審査を受けることができます。借り換えを検討するなら、定年後の再雇用で年収が下がったとしても給与収入があるうちに行動を起こすべきです。本音を言えば、50代のうちに対策をしておくことを強くおすすめします。

借り換えの申し込みができる年齢も金融機関によって異なりますが、70歳までというところが多いようです。「とりあえず毎月のローン返済をなんとかやりくりしているうち、気がついたら70歳を過ぎて借り換えができなかった」というケースもあります。選択肢が閉ざされる前に検討して欲しいと思います。

次に高齢の方が借り換えを検討する場合に利用できる制度をご紹介します。お子さんに自宅を遺したいか、お子さんが喜んで引き継いでくれるのか、将来の方針が決まっていると選択肢が増えます。相続・資産承継を含めて考えるとよいでしょう。

●親子リレー返済（住宅金融支援機構）

親子リレー返済とは、本人（親）と後継者（子）が2世代で住宅ローンを返済していく制度です。本人が70歳以上でも親子リレー返済なら借り換えが可能です。本人と後継者の収入合計額を基に借入可能額が計算されるので、高齢者でも大きな金額を借りることができます。また、後継者の申込時の年齢を基に返済期間を決められるので、返済期間を長くすることで月々の返済額を減らせます。

後継者＝子の要件は次の通りです。住宅金融支援機構の場合、子どもの同居は求められていないので利用しやすいといえます。

・申込人の子・孫などまたはその配偶者で定期的収入があること。
・申込時の年齢が満70歳未満であること。
・後継者が連帯債務者となること。

親にとってはメリットが大きい制度ですが、親のローンを引き継ぐ子どもにとってはデメリットがあります。実際には親が返済をしていても、子どもも大きな額の負債を背負うことになります。さらに、自身が住宅を購入する際の住宅ローンや車のローンなど、新たなローンが組みにくくなります。また、返済割合に応じて親の家を共有名義にすることになるので、相続が起こったときにほかの相続人との間でトラブルになる恐れがあります。

住宅ローンは長期間にわたって人生に影響するものです。引き継ぐ子どもは自分自身のライフプランをよく考えた上で負債を負う覚悟を持って契約すべきです。当事者である親子だけでなく、それぞれの家族を含めて事前によく話し合ってください。

●リバースモーゲージの利用

55歳以降の借り換えには、リバースモーゲージも選択肢になります。ただし、通常の住宅ローンと違って借り入れできる金額が小さい（対象となる不動産の担保評価額の50～60%が上限）ので、新たな借り入れで現在の住宅ローンが完済できるくらい、残債が少ないことが条件です。リバースモーゲージは元本を返済せず金利のみの支払いでよいので、その後の生活は間違いなくラクになります。

その代わり、亡くなったら対象物件を売却して返済するという商品の性格上、団体信用保険には入れません。家を遺すことができないことを配偶者やお子さんとよく話し合っておく必要があります。

借り換えで気をつけるポイント

・「残債務1000万円以上、残りの返済期間10年以上、借り換え前後の金利差1・0%以上」が借り換えでメリットがある目安となる。

・返済比率の基準があるため、収入があるときでないと借り換えできない。

返済比率(%)=年間返済額÷税込み年収×100

※年間返済額には住宅ローン以外の借り入れも含める。

『フラット35』の場合　年収400万円未満　30%

年収400万円以上　35%

(例)年収250万円の場合

250万円×30%=75万円……年間返済額の上限

75万円÷12=6・25万円……毎月の返済額の上限

・滞納があると借り換えはできない。
・借り換え時に数十万円の諸費用が掛かる。借り換え費用くらいは自己資金で負担できる余裕があるうちに実行すること。
・登記費用（抵当権抹消・抵当権設定）。
抵当権抹消は土地1000円、建物1000円
抵当権設定は借入金額×0・4％（条件により0・1％に軽減あり）
・融資手数料：金融機関によって異なる。
・印紙税（ローン契約）。
・期限前完済手数料。
ほかに、司法書士への報酬、保証料、団体信用保険料、火災保険料が必要なケースがあります。

事例4 斉藤隆之（仮名）さんの場合

埼玉県　斉藤隆之さん　68歳　戸建て　平成8年に30年ローン
定年後、嘱託社員で勤務　妻と2人暮らし

【相談内容】「ボーナス払いを無くしたい」

定年後も住宅ローンが残っており、嘱託社員として仕事をしているが、収入が大幅に減り、ボーナス払いが厳しく、貯金が底をついてしまいそうだ。

借りている金融機関に相談に行ったが、定年後で収入が減っているので取り扱いできないと門前払い状態だった。このままでは支払いができなくなるがなんとか家を残したい。

【月額収入状況】
年金：22万円　給料：18万円　妻のパート収入：10万円

【物件の担保状況】
住宅ローン残高：1,500万円（団体信用保険は毎年6万円の支払い）
1番抵当権者（公庫）：750万円（金利4%）
2番抵当権者（年金融資）：500万円（金利3.5%）
3番抵当権者（銀行）：250万円（金利3%）
月額返済額合計：11万円　ボーナス払い（年2回）：80万円

斉藤さんは65歳定年後に嘱託社員となりました。収入は減り、ボーナスもなく、今後もボーナス返済が続いていくことに大きな負担を感じるようになりました。これから先がとても不安で、夜も眠れない日々を過ごしていたそうです。

退職後も返済が続くことは当初から分かっていたので、将来を見据えて計画的に住宅ローンを組むべきでした。定年後も再雇用され、給料は下がったものの安定した収入があったため、それほど危機感は感じていませんでした。65歳を過ぎ嘱託に身分が変わったとき、ボーナスがなくなるなど収入が激減、毎月の返済はできるものの、ボーナス払いの負担の重さを痛感したといいます。

現在借りている金融機関に「ボーナス払いを無くしたい」と相談に行きましたが、取り合ってもらえず、もう売却するしかないと思っていたそうです。しかし、今売却してしまったら何のために住宅ローンを返してきたのか分かりません。どうしたらよいか、インターネットで検索し、住宅ローン問題支援ネットのホームページを見つけて、相談にいらっしゃいました。

斉藤さんの住宅ローンの収支は前ページの通りです。

住宅ローンは３本借りており、借り入れ当初から一度も借り換えをしていないため、金利は３～４％とかなりの高金利です。そして、定年後でボーナスが無いにもかかわらず年間80万円のボーナス払いが家計を圧迫していました。

斉藤さんの自宅を机上査定したところ、時価３０００万円は下らない物件で確実にアンダーローンであることがわかりました。今売却すれば住宅ローンは完済できますが、売却はしたくないという強い希望がありました。

そこで私は、住宅ローンの借り換えを提案しました。斉藤さんは、定年後に住宅ローンの借り換えなどできるとは思っておらず、現に今借りている金融機関にも断られていたので最初は半信半疑でした。

私が借り換えをおすすめした理由は、次の通りです。

・斉藤さんの年齢が68歳であること。
・年金収入や給与収入から返済比率は当てはまっていること。
・当初30年で住宅ローンを組んでいるので、最大35年まで完済年齢を延ばせる可能性があることから、今なら家計のキャッシュフローを大幅に改善できる借り換え

ができる見込みがある。

そこで、フラット35（住宅金融支援機構）での借り換えで、窓口となる金融機関を紹介しました。フラット35なら70歳までは申込可能で、返済期間の延長も条件を満たせば相談できます。

そして斉藤さんは下記の条件で、借り換えに成功しました。

80歳まで毎月12万円の返済を続けるのは大変だと思いますが、万が一また返済が厳しくなっても、この物件なら手元に資金を残すことができます。

斉藤さんは、「今回の借り換えでか

【解決法】

返済期間：満80歳まで11年（132ヶ月）
※残年数8年から3年延長（80歳完済）

借入金額：1,500万
※諸費用別（融資手数料、登記費用、印紙代）は自己負担

借入金利：1.45%（団体信用保険込）※相談当時の金利

月額返済：123,008円（固定）※ボーナス払い無し

【借り換えの効果】

・住宅ローンの総支払額を約120万円の削減できた。
・団体信用生命保険料の年間6万円、ボーナス払いが無くなり、年間キャッシュフローが64万円（月額5.3万円）改善し、生活費にゆとりができた。

なり生活がラクになるので、できる限り返済を続けながら老後の選択肢（売却後の住み替え、リバースモーゲージなど）を広げたい」と前向きになっていました。

2．金融機関へのリスケジュール（リスケ）

「住宅ローンの返済が厳しい」「これから返済が厳しくなりそう」というとき、まず頭に浮かぶのが、今借りている金融機関に「リスケジュール」を相談してみることです。相談は、必ず住宅ローンを「滞納する前」にするよう気をつけましょう。滞納してしまうと、そもそも〝交渉のテーブル〟につくことができず、またリスケジュールや条件変更の審査も通らなくなります。

●リスケジュールとは？

リスケジュールとは返済計画を見直すことです。「リスケ」と呼ばれていますので、以降、「リスケ」と表記します。住宅ローンの返済が困難になったときに「一定期間だけ返済額を減額する」「返済期間を延長する」など、返済条件を変更して月々の支払い負担を減らします。

たとえば、住宅ローンの返済額が元金8万円で利息3万円だとします。想定外の収入減などで住宅ローンが払えなくなったとき、一定の期間、利息払いだけにしてもらうといったリスケが認められれば、その期間に収入を安定させ、正常返済ができるように立て直すことができます。

ただし、リスケはあくまでも一時的な事態に対応するためであり、生活を再建して返済を継続できる見通しがあることが前提です。一定期間だけ返済額を減額した場合は、その後は以前より多くの返済をしなければなりません。リスケによって元金返済が予定よりも遅れることで返済総額は確実に増加します。リスケを行うことが本質的な問題解決につながるのかどうか、よく考えて実行してください。

リスケが一般に多く適用されるようなったのは平成21年（2009年）12月4日、『中小企業金融円滑化法（中小企業者などに対する金融の円滑化を図るための臨時措置に関する法律）』が施行されてからです。当時、リーマン・ショック後の不景気の影響で、中小・零細企業の借り入れや住宅ローンを組んでいる個人の残債務の返済が滞り、不良債権が多大に発生する恐れがありました。そこで、当時の金融担当大臣・亀井静香氏が事業主や住宅ローンの借り手の人たちを支援するため、金融機関が融資を渋る「貸し渋り」や、銀行が返済を前倒しさせて返済期限前に回収を図る「貸しはがし」対策の検討を開始する旨を公表し、『中小企業に対する金融円滑化のための総合的なパッケージ』を取りまとめて公表しました。このパッケージの中に、金融機関が中小企業や住宅ローンの借り手のリスケの申し込みに対し、「できる限り、貸付条件の変更などを行うように努める」ことが盛り込まれたのです。

この法律によって金融機関の対応が一変し、住宅ローン契約者からのリスケの相談に応じてくれるようになりました。それまでは住宅ローンを滞納するとほぼ競売に進んでいましたが、リスケがしやすくなったことで競売件数は激減しました。

この法律は当初、平成23年（２０１１年）３月までの時限立法（一定の有効期間が設けられた法令）でしたが、東日本大震災の影響で2年延長され、平成25年（２０１３年）

図20 貸付条件の変更等の状況（令和2年3月10日から令和5年6月末までの実績）

【債務者が住宅資金借入者である場合】（単位：件）

	申込み	実行（A）	謝絶（B）	審査中	取下げ	A/（A+B）
主要行等（9）	27,641	24,098	938	506	2,099	96.3%
地域銀行（100）	56,414	48,719	1,567	833	5,295	96.9%
その他の銀行（76）	2,067	1,598	97	25	347	94.3%
合計（185）	86,122	74,415	2,602	1,364	7,741	**96.6%**

・主要行等とは、みずほ銀行、みずほ信託銀行、三菱UFJ銀行、三菱UFJ信託銀行、三井住友銀行、りそな銀行、三井住友信託銀行、SBI新生銀行、あおぞら銀行をいう。
・地域銀行とは、地方銀行、第二地方銀行及び埼玉りそな銀行をいう。
・その他の銀行とは、主要行等・地域銀行を除く国内銀行、外国銀行支店、整理回収機構をいう。
・左端の欄中の括弧内は、令和5年6月末時点の金融機関数。
・件数は、貸付債権ベース。

出典：金融庁HP『金融機関における貸付条件の変更等の状況について』より

3月で終了となりました。

終了するときには「リスケがすぐ切られて正常返済になってしまうのではないか」と心配されましたが、金融庁が各金融機関に、期限が終了しても引き続きリスケに柔軟に対応するよう通達を出したので、引き続きリスケに応じる姿勢になっています。

金融庁のホームページで、法律が施行された平成21年（2009年）12月以降の各金融機関におけるリスケの申込状況が公表されており、申込件数に占める実行件数の割合はほぼ8割を超える水準で推移しています。

ただ、中小・零細企業と違い、住宅ローンは個人が債務者なので、返済期間を延ばすといっても返済能力のある年齢には限界があります。完済年齢をほとんど延ばせないのが現状であり、長期間のリスケは難しい状況です。

令和２年（２０２０年）、コロナ禍による収入減で住宅ローンが払えないという人が急増しました。そこで金融庁は、中小・零細企業と住宅ローンの債務者からの返済条件変更の相談には柔軟に応じるように再び通達を出しました。

その影響で令和２年３月10日から令和５年６月末現在までの貸付条件の変更などの状況は、申し込みから実行の実行率は96・６％（金融庁ＨＰ『金融機関における貸付条件の変更等の状況について』より）と高い確率となっています（**図20**：「貸付条件の変更等の状況」を参照）。

リスケで気をつけるポイント

・滞納前に相談すること。
・返済が厳しい状況を明確に伝えること。
・リスケをして正常返済に戻せる根拠などを説明すること。

・とりあえずリスケして、問題の先延ばしにならないようにすること。

住宅金融支援機構（旧住宅金融公庫）は、ホームページ上で「機構では、融資のご返済でお困りのお客さまに、返済方法の変更メニューをご用意しております。」と謳っており、変更メニューとして「①返済期間の延長、②一定期間における返済額の減額、③ボーナス返済分の減額または取りやめ」の3つの方法を明記しています。

・参考：住宅金融支援機構「月々の返済でお困りになったとき」
(https://www.jhf.go.jp/loan/hensai/hensai_komatta.html)

ご高齢の方がリスケを検討せざるを得ない状況に陥った場合、これから収入を増やすことは難しく生活再建の見通しが立てづらいのが現実です。住宅金融支援機構には先に挙げた3つの返済方法の変更で返済継続の目処が立たない場合、70歳以上の人向けには「シルバー返済特例」という別のプランがあります。

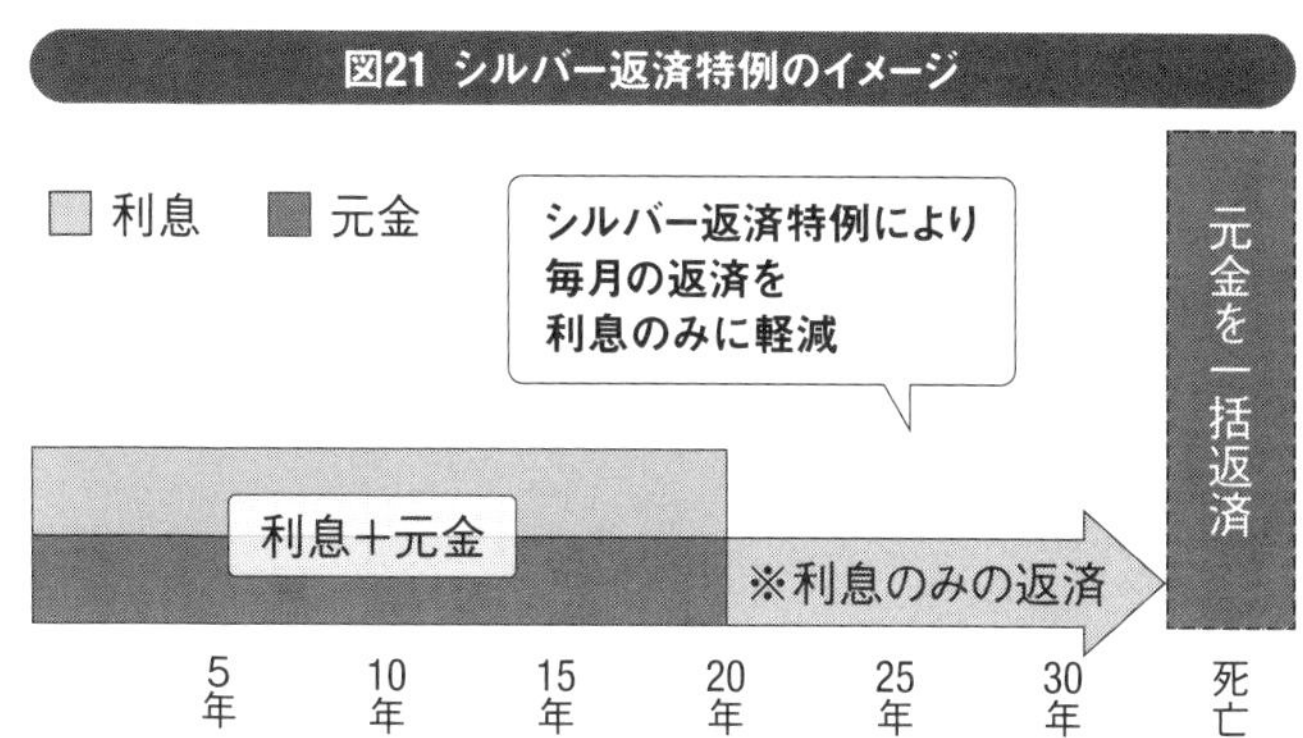

【特徴】

・返済が困難となった高齢者を対象とし、毎月の返済を利息のみとする制度。
　※元金残高は減らない。
・元金は本人が亡くなった時に一括返済とし、自宅の売却により返済する。
・売却により残債務が残った場合、残債務について相続人への請求はされない。

●シルバー返済特例とは？

シルバー返済特例とは、70歳以上の方がほかの返済方法（返済期間の延長、一定期間返済額を軽減、ボーナス返済の取り止めなど）では返済継続が見込めない場合、今後の支払いを利息払いのみとし、債務者が亡くなったときに、相続人が一括返済をするか、自宅の売却によって残債務（残元金及び利息など）を一括返済する方法です。

元金は減りませんが、売却により債務が一部残ったとしても相続人への請求は行われないというのがこの制度のメリットです（**図21**：「シルバー返済特例のイメージ」を参照)。

毎月の返済(元金、利息)が厳しい状況でも、利息だけなら支払いが可能で自宅に住み続けられるので、現在70歳以上の方が多く申し込みされている返済特例です。申し込みの対象となるのは、次の通りです。

①制度の利用時点で満70歳以上であること。
②現に融資住宅に居住し、今後も居住を継続する予定であること。
③返済を開始してから20年以上経過していること。
④土地と建物に機構の抵当権が設定されていること。
⑤現在遅れなく返済していること。
⑥一定の収入基準※を満たすこと。

※「年収が機構への年間総返済額の4倍以下」または「月収が世帯人数×6万4000円以下」などの条件があります。

これらの条件のほか審査があり、次のような場合は認められません。

・シルバー返済特例を適用しても返済の継続が見込めないと判断した場合。

・返済に充てられる資産があることが判明した場合。
・返済が困難となった理由が浪費であることが判明した場合。

シルバー返済特例で気をつけるポイント

・団体信用生命保険に加入している場合は、シルバー返済特例を利用することができないため、脱退する必要がある。
・シルバー返済特例の適用後に返済が困難になった場合は、更なる返済方法の変更ができない。
・シルバー返済特例の適用後に毎月の利息の返済が滞った場合は、残債務の全額について一括請求がされる。
・正当な理由なく自宅を退去した場合や利害関係者に反社会勢力であることが判明した場合など契約内容に違反した場合は、残債務の全額について一括請求がされる。
・推定相続人（代表者）や担保提供者などすべての利害関係人の同意が必要。

・機構と併せ融資を行った福祉医療機構債権は、シルバー返済特例を利用できない。
・シルバー返済特例が適用されると、一部繰上返済ができない。
・途中で元金返済をしたいと希望しても受け付けてもらえず、元金残高は減らない。
・亡くなった後に同居の配偶者など（連帯債務者でない場合）に債務の引き継ぎができないため、一括返済か自宅の売却をしなくてはならない。

月々のローン支払いが利息のみになるので、負担は劇的に軽くなります。ただし亡くなるまで債務は一切減りません。よって総返済額は元の返済計画よりも増えてしまいます。

本人が亡くなったら一括返済しなければならないので、配偶者が連帯債務者でない場合はその家に住めなくなる可能性が高いでしょう（申込時に夫婦ともに70歳以上の場合は、配偶者が連帯債務者になることができます）。平均寿命から考えると、妻の方が長生きすることが多いため、シルバー返済特例をためらう人も少なくありません。

シルバー返済特例は、「自宅を遺す必要はない。自分が生きている間、住み続けられたらよい」という人にとっては非常にメリットのある制度です。反面、ローンの総返済額が増えることを考慮すると、「自宅に住み続ける」という利益しかないともいえます。ただ、高齢者にとっては、そのまま自宅に住めるというメリットがとても大きいのも事実です。賃貸物件を借りることが難しいというだけでなく、自宅を片付けて引っ越しをするということが高齢者にとっては想像以上に負担になるものです。

シルバー返済特例は住宅金融支援機構の制度ですが、実際に申し込みをするのは、ローンを借りている金融機関の窓口になります。ローン返済に関する相談希望者が多いのに対して、金融機関は支店や相談窓口を縮小しており、相談予約の申し込みをしてもすぐには相談できないこともあるようです。「来月の返済が難しい」といった切羽詰まった状況では間に合わない可能性が高いので、少し余裕のあるうちに相談に行くことをおすすめします。

3．個人再生手続き

個人再生は、法律に基づいて裁判所の認可を受け、個人の借金を整理する法的整理の1つです。法的整理は、住宅ローン以外にもあちこちから借り入れがあり多重債務状態にある人が対象で、個人再生のほかに自己破産があります。

自己破産は免責が認められれば借金が全額免除となりますが、自宅も含めて自分名義の財産を原則としてすべて処分しなければならないことや一定の職業に就けないといったデメリットがあります。

それに対して個人再生は、借金を大幅に（通常5分の1程度、最大10分の1）に減額してもらった上で、原則3年（最長5年）で返済していきます。手続き後も毎月返済を続けていかなければなりませんが、自宅や車などの財産を処分せずに済む可能性があることは大きなメリットです。ただし、再生手続き後も返済ができるだけの安定した収入がある人でないと対象になりません。そのほか、借金の金額などにも条件があります。

●個人再生手続きの「住宅ローン特則」とは？

住宅ローン特則の正式名称は「住宅資金特別条項」と言い、個人再生を行う際に住宅ローンを例外的にほかの債務と分けて扱い、自宅を手放さずに済む規定が民事再生法で定められています。

個人再生ではすべての借金を平等に扱い、すべての借金を整理の対象とします。よって、住宅ローンも本来は整理＝減額の対象です。ただし、住宅ローンには抵当権が設定されているため、減額されるとなれば金融機関は返済できないとみなして債権回収に動きます。そうなると自宅は競売に掛けられ、これから再生しようという債務者が生活基盤である住まいを失うことになります。それでは個人再生の趣旨に反するので、一定の要件を満たせば住宅ローンを整理の対象から除外し自宅を残せるように「住宅ローン特則」が設けられているのです。

その代わり、住宅ローン債務は減額されず、従来通り返済を続けなければなりません。万が一、途中で住宅ローンの返済ができなくなってしまった場合は、自宅を手放すことになってしまいます。

また、住宅ローンの残債務よりも自宅の時価が高い場合、その差額が資産とみなされ、借金の減額幅が減らされてしまう可能性があることにも注意が必要です。

住宅ローン特則が認められる要件は次の通りです。

①住宅の購入やリフォームのために借りた資金であること。
②不動産に住宅ローン以外の抵当権がついていないこと。
③本人が所有し、本人が居住している住宅であること。

「住宅ローン特則」を利用した個人再生は、自宅を手放すことなく法律に則って債務を整理できるため、条件が当てはまる方は検討すべき制度だと思います。安定した収入があることが前提であり高齢の方は該当しないことも多いのですが、収入があるうちは選択肢の1つになります。

●住宅ローンの代位弁済を「巻き戻し」ができる可能性がある

通常、住宅ローンを滞納し、保証会社が代位弁済して一括返済請求がくると、もう毎月の返済に戻すことはできません。ところが、個人再生の住宅ローン特則を利用することで、元の分割払いに戻せる可能性があります。

代位弁済が行われた日から６ヶ月以内に個人再生の申し立てを行い、住宅ローン特則の再生計画が裁判所に許可されれば、代位弁済が無かったことになります。住宅ローン債権は当初の金融機関に戻り、契約通りに住宅ローンを返済できるようになります。これを「住宅ローンの巻き戻し」と言います。

この制度は住宅ローン以外の債務が無い人でも利用できます。代位弁済されてしまった場合でも、６ヶ月以内に申し立てができれば巻き戻しできる可能性があるということです。

ここで住宅ローンの巻き戻しに成功した事例をご紹介します。

事例５ 高橋康雄（仮名）さんの場合

高橋康雄さん（父・71歳、タクシー運転手）

高橋雄一さん（長男・48歳、会社員、別居）
神奈川県　戸建て

平成9年（1997年）に長男と共有の連帯債務で35年のローンを組み、新築建売住宅を購入しました。購入当初は長男も同居していましたが、長男が結婚し家を出て、その後は康雄さんと奥さんが住み、住宅ローンは康雄さんが払っていました。

2020年からのコロナ禍でタクシー運転手である康雄さんの仕事が急激に減ってしまい、住宅ローンを6ヶ月間滞納し、銀行から保証会社へ代位弁済される事態まで進んでしまいました。

康雄さんは支払えなくなった状況を雄一さんに相談することができず、雄一さんがその状況を知ったのは保証会社から代位弁済がされ、一括返済通知がきた後でした。雄一さんは慌てて私のところに相談にきました。康雄さんの奥さんは数年前に難病にかかり寝たきり状態です。このまま競売になって追い出され住環境が変わるのは体調的に良くないので、なんとかこの家に住み続けることができないかという相談でした。

ローン残高と自宅の価格を調べたところ、幸いその時点で残債務１５００万円、時価２３００万円程度とアンダーローンでしたので、雄一さんがローンを組んで康雄さんの持ち分を買い取るという親子間売買が可能ではないかと考えました。雄一さんには弟がいて、弟も両親のために多少の資金の協力ができるとのことでした。

ところが、自宅に住宅ローンのほかにも抵当権がついていて２番抵当権者が存在することが分かりました。康雄さんが知人の会社の借金５００万円の連帯保証したときにA社から担保に取られていた抵当権でした。その後知人の会社が倒産し、この債務５００万円は康雄さんが毎月現金で返済し、既に完済していました。しかし、完済証明書がなく、毎月の手書きの領収書が残っているのみで、完済したという証明にはならないと法務局で判断されてしまいました。

康雄さんは、間違いなく完済しているのだから抵当権をA社に抹消してもらおうと連絡してみましたが電話が繋がらず、調べてみるとA社は１年前に倒産していました。次にA社の破産管財人に連絡し、債務は完済しているので抵当権をはずして欲しいと頼んだところ、「破産管財事件はすべて完了しており、こちらに権限が無いので抵当権抹消手続きはできない。やるとしたら一から清算人の選任の申し立てをするしかない」と言われてしまいました。

そこで私が信頼している弁護士を紹介しました。弁護士から「2番抵当権が抹消できるなら、『巻き戻しの住宅ローン特則付き個人再生』を検討してみては?」との提案がありました。当初、私も同じことを考えたのですが、債務者2人のうち、父は高齢で資力が安定していない、長男は同居していないという理由で難しいと思いました。弁護士によると、可能性はあると言うのです。

親子間売買をするにも登記費用や不動産取得税などの費用が掛かります。また融資を受けるとしても、親子間売買は低金利の銀行では取り扱いをしてくれないので、ノンバンクで金利3~4%の不動産担保ローンを借りることになります。康雄さんと雄一さんは、もし住宅ローン特則付個人再生で巻き戻しができるならそれがベストだという結論に至り、弁護士に交渉をお願いすることにしました。

問題は、住宅ローンの巻き戻しをするためには代位弁済から6ヶ月以内に申し立てが必要であるという点でした。A社の抵当権抹消手続きに時間が掛かるのです。

弁護士が保証会社に事情を話して待ってもらい、2番抵当権者の抵当権抹消の手続きを終えてから個人再生の申し立てを行い、無事に住宅ローンの巻き戻しに成功しました。ちなみにこの再生計画は連帯債務者である長男の雄一さんは個人再生を行わずに済みました。債務整理をしてしまうと雄一さんの車のローンが期限の利益を喪失し一括請求されるリスクがあったので、弁護士が交渉をしてくれました。

個人再生の住宅ローン特則を利用するためにはさまざまな要件が定められています。しかし、それは絶対ではなく、債務者の経済的再生に役立つなら債権者との交渉によってなんとかなることもあるようです。経験の豊富な信頼できる専門家に相談することが大事だと改めて思いました。

高橋さんのその後……

住宅ローンの滞納から代位弁済まで6ヶ月間、そこから2番抵当の抵当権抹消手続に6ヶ月以上かかったので、債権者である金融機関から、当初の住宅ローンの返済金額ではなく、毎月の返済額の増額を提案されました。息子さんたちの協力や「できるだけ期間内に返済したい」という康雄さんの希望もあり、毎月2万円アップの13万円の返済を続けながら、そのまま自宅に住んでいます。

コロナが落ち着き康雄さんの仕事の状況も改善してきたので、年金収入と合わせれば返済継続は可能とのことです。ただ、高齢のためいつまで仕事ができるか分かりません。息子さんたちは「お母さんが存命の間はなんとか自宅で過ごして欲しい」と、今後も協力して返済していくとのことでした。もし何か事情が変わったとしても、時価がローン残高を上回っているアンダーローン（資産超過）状態なので対応できそうです。

高橋さんの事例では住宅ローンの巻き戻しに成功しましたが、既に滞納がある場合や代位弁済後は再生計画が必ず通るというものではなく、住宅ローン特則付個人再生はハードルが高いのが現実です。ただ、代位弁済後はもう絶対に元に戻せないというわけではありません。可能性があるなら手を打つのは早ければ早いほどよいので、住宅ローン特則で個人再生の適用を検討したい場合は、ただちに専門家である弁護士に相談することをおすすめします。

4. 親子間売買

「住宅ローンを払い続けるのは困難だがどうしても家を売りたくない」という場合の解決策として親子間売買があります。売買の相手は子どもに限らず、親族（兄弟姉妹、親戚、子どもの配偶者など。法律上の親族ではなくより広い親族・姻族も含む）に買ってもらうこともあります。その場合は親族間売買と言います。買い手＝協力者は子どもの場合がほとんどである上、子どもでも親族でも注意点は同じなので、ここでは「親子間売買」として説明していきます。

親子間で自宅を売買すると、自宅の所有者は子どもに変わりますが、実質的に自宅を手放すことなく住み続けることができます。周囲に売却を知られることもありません。

親が払えないのなら子どもが買って助けてあげるという趣旨なので、子どもが全面的に協力してくれることが大前提です。ただ、困っている親を助けたいという気持ちはあっても、子ども自身の経済状況や家庭事情によってはそうできないことが多いのも現実です。既に自分の住宅ローンがあれば二重に住宅ローンは組めないですし、同居を配偶者に反対されて諦めたということもあります。

子どもが家を買い取って住宅ローンを組むと、若い分、返済期間が長くなり、月々の返済負担は小さくできます。

しかし、将来、子どもが自分のために家を買おうとしたとき、親の家の住宅ローンがあることでローンが組めないという状況になってしまいます。また親の家を住宅ローン以外のローンを組んで購入していても、自分の住宅ローンが減額されてしまい、希望通りのローンが組めないということが起こり得ます。収入に応じて借入れできる金額には限度があります。自分の資金調達能力を今親のために使ってしまっていいのか、よくよく考えておく必要があります。

私が親子間売買を提案するときは、必ず親御さん抜きでお子さんとお会いして、デメリットやリスクを詳しくご説明します。その上でお子さんが納得したことが確認できた場合だけ売買を進めます。

親子間売買は、不動産取引の解決策としてはイレギュラーな方法です。税務の面などでさまざまな注意点があるほか、将来、結婚などで子どもの状況が変わったときに後悔することがないよう慎重に検討すべきです。

親子間売買の留意点とその理由

①資金調達の問題（住宅ローンが組みづらい）

多くの金融機関は親子間売買を、住宅ローンの対象外としています。その理由は、一般的に親子間の不動産の取得は、「贈与」か「相続」であり、なぜわざわざ「売買」にするのかという疑問があるからです。金融機関にしてみれば、親子間売買は何か裏がありそうな怪しいものなのです。

・住宅ローンという低金利の融資を利用して、資金を別の目的で使うのではないか。
・将来の相続を見据えて揉め事があるので、売買をするのではないか。

金融機関はこのような懸念を持ち、疑わしいものは取り扱わない方針です。

また、住宅ローンの保証会社も親子間売買の場合は保証しないというところが多く、保証がつかないため融資が受けられないケースもあります。

もちろん親子間売買でも状況次第では融資するという金融機関もありますが、主にノンバンクの金融機関が親子間売買の住宅ローンを取り扱っています。普通の住宅ローンは契約者の収入など返済能力を重視して審査するのに対して、ノンバンクの場合は、契約者の属性に加えて対象となる不動産の担保評価額を重視します。一般的に、担保評価額の7〜8割までしか融資しません。ですから、物件価格の2〜3割の自己資金が必要になります。しかも金利が高く、ゼロ金利の現在でも3〜4%台です。また融資金額に対して、2%前後の融資手数料も発生します。

私が親子間売買を提案するときは、いったんノンバンクの住宅ローンを借りた後、2年程度経過したら低金利の住宅ローンへの借り換えをおすすめしています。借り換えの際にも親子間売買をした事実は分かりますが、資金の目的が住宅取得であることや子どもである契約者本人がその家に住んでいることなど、本来の住宅ローンとしての借り入れであることをきちんと説明できれば、融資を受けられることがほとんどです。

親子間売買の住宅ローンを取り扱う金融機関は少ない上、その中でもそれぞれ条件が異なります。返済が困難な状態を脱するためには融資の受けやすさが大事なので、金利などの条件は不利にならざるを得ません。落ち着いたら借り換えを検討してください。金融機関選びについては、各金融機関の特性をよく知っていて長期的な視点でアドバイスしてくれる専門家に相談することをおすすめします。

②売買価格の問題（贈与税が掛かる可能性がある）

親子の間だから安い価格で売買しようとするケースがありますが、それを「低廉譲渡（ていれんじょうと）」と言い、時価よりも安く売った分の差額が子どもへの「贈与」とみなされ、子どもに贈与税が課税されます。そのため親子間であってもしっかりと「時価」で取り引きしないといけません。

親子間売買にあたっては、私は入念に時価をリサーチした上で、「低廉譲渡」と指摘されない金額での売買代金を提案します。さらに「低廉譲渡」とみなされると贈与税が掛かるというリスクについてもご説明しています。

③譲渡所得税の問題

不動産を売却したとき、売却価格から取得費（取得価格と取得時の手数料など掛かった費用を含めて）を引いた利益に対して約20％（5年以上保有していた場合）の「譲渡所得税」が課税されます。

通常、自宅の売買の場合は「3000万円の特別控除」があり、3000万円以上利益が出なければ、所得税は掛かりません。しかし、親子間売買の場合は、この「3000万円の特別控除」が適用されないため、もともと買った金額が安く、売った金額が高ければその利益に対してまるまる所得税が課税されます。

親が購入した際の価格が分かる契約書などの書類があればいいのですが、何十年も前のことであったり、そもそも相続で引き継いだりしていると、取得価格を証明できないケースが多いものです。その場合は売却代金の5％を取得費（概算取得費）とみなすことになります。たとえば売却価格が3000万円なら控除できるのは150万円です。実際には2000万円で購入した物件であっても、2850万円が利益とみなされ課税されてしまいます。

もっとも、昭和27年以前に取得していれば、当時は不動産価格が非常に低かったので、実際の取得費より５％の概算取得費の方が高いと言われています。

取得費の証拠書類が無い場合、この譲渡所得税は大きな問題です。先程の売買価格３０００万円の例では、譲渡益２８５０万円に約20％課税され、譲渡所得税は約５７０万円になります。住宅ローンの支払いに苦しんでいる親御さんが、何百万円もの税金を支払うことになるのでは解決策にはなりません。

まず、購入時の契約書や売買代金の領収書などがあるかどうかを確認してください。契約書など取得価格が明確に分かる書類が無くても、過去の価格データなどを基に推定した価格が妥当だと認められれば、概算取得費による計算を免れるケースがあります。詳しくは、税務署か税理士に相談してみてください。

④住宅ローン控除（住宅借入金等特別控除）の問題

住宅ローンを借りて住宅を購入した場合、本人や対象物件などが所定の要件を満たしていれば、住宅ローン控除が受けられます。これから住宅を取得するとしたら、ローンの対象となる物件に居住し始めたのが令和5年（2023年）中であれば13年間、令和6年（2024年）～7年（2025年）であれば10年間、年末のローン残高に対して0・7％の額が所得税から控除されます。

たとえば年末のローン残高が2000万円であれば14万円、所得税が減額されます。所得税から控除しきれない場合は住民税から控除します。

住宅ローン控除は所得控除ではなく、所得税の金額からその分を直接差し引く税額控除なので非常に減税効果が高くなります。

ただし、住所が同一の親子間売買の場合はこの控除が適用されません。子どもの住所が違う場合で購入する親の家に住まない場合は、そもそも住宅ローンの対象にはならないので、親子間売買では住宅ローン控除は受けられないと考えてください。

⑤任意売却などの場合の問題

ローン残高が時価を上回っているオーバーローン状態で任意売却を行うケースでは、「親子間売買で子どもに助けてもらうことにした」と言っても、債権者である金融機関の同意が取れない可能性があります。

もちろん、状況によっては親子間売買を認めてくれる場合もありますが、不動産を売っても債務が残る状態なのに、安く子どもに売却して住み続けるというのは、債権者としては認められないのが当然です。「それなら全額返済してください」と言われてしまいます。

債権者の同意が無ければ、任意売却は成立しません。子どもに売却をしますが、第三者へ売却するのと同様に時価で売却することを債権者に説明し、事前に同意を取る必要があります。

⑥資産隠しの詐害行為の問題

借金の整理などで自宅を売らなくてはならないケースで、安値で子どもに売却してしまうと、債権者である金融機関から差し押さえを逃れるための「資産隠し」とみなされてしまいます。債権者が「詐害行為取消権」の行使を裁判所に訴え、その結果、自宅の名義を元の債務者に戻されてしまうことがあります。

住宅ローンが残っていて抵当権が設定されている場合は、抵当権をそのまま残して親子間売買をして不動産所有名義だけ変えても、債権回収のための差し押さえから逃れることはできません。

このように、親子間売買には重要な注意点がいくつもあります。特に資金調達、売買価格、譲渡所得税に関することは多くのケースに共通する根本的な課題です。「親子間だから……」と当事者同士で安易に売買契約をしたり、実態を伴わない名義変更をしたりして、後で大変なことになったという相談も多く寄せられています。関係する法律や税制に則った適正な取り引きであり、債権者に認めてもらえるものでなければ、親子間売買によって住宅ローン債務を軽減するという目的は達成できません。

親子間売買の留意点をしっかり考慮した上でお互いにメリットがあると判断したのであれば、良い解決方法の1つといえるでしょう。

そのためには専門家のアドバイスは必須です。特に、売買には必ず不動産業者を仲介に入れ、きちんとした契約書を作成してください。仲介手数料が掛かりますが、後で面倒な問題が起こることを考えれば安いものです。また、金融機関の選択や贈与税、譲渡所得税の問題なども自己判断では誤った判断をしてしまう可能性があります。

第三者から見ると不透明だと思われがちな親子間売買だからこそ、むしろ専門家である第三者に関わってもらうメリットが大きいといえます。

事例6 勝田和之（仮名）さんの場合

勝田和之さん（68歳、年金・自営業）
静岡県　戸建て

勝田さんは平成10年に土地と建物を相続しました。当時サラリーマンでしたが、脱サラして奥さんと小さな喫茶店を開業しました。喫茶店を開業するにあたり自宅を担保に事業融資を受け、返済を続けていました。自宅には夫婦と30歳の息子さんと3人暮らし、息子さんは独

自宅の時価	2,500万円
事業融資残債務	500万円

身で会社員でした。

喫茶店は奥さんと2人で営業していましたが、奥さんが数年前にがんを発症、最近再発して体調を崩し入退院を繰り返すようになりました。喫茶店の売り上げはあまりよくなかったので、勝田さんは家を売ることを考えました。

勝田さんの家は土地が広い上、建物も広くて二世帯でも暮らせる物件でした。奥さんに相談したところ、家はどうしても売って欲しくないと懇願されましたが、事業融資の返済もあるので家を売ってどこか安い物件に住み替え、医療費と老後資金に充てる方がよいのではないかと考えていました。

奥さんの希望や体調のこともある上、勝田さん自身も本音では、親から受け継いだ土地建物をできれば売りたくないという思いがありました。息子さんに相談すると、息子さんは「お母さんのためにどうしても実家を守りたい」とのこと。ちょうど付き合っている彼女と結婚を考えているところで、この家を自分が買い取り二世帯で住めないかと言い出しました。彼女もよく家に遊びに来ていて両親とも仲が良かったので、快く同居に応じてくれたそうです。

そこで親子間売買について相談したいと、私に連絡がありました。

自宅の時価は２５００万円ですが、買い手が息子さんだからといって安く売ってしまうと贈与とみなされて贈与税を課税される可能性があります。そのため、適正価格で売買をする必要がありました。

親子間売買の住宅ローンはハードルが高く、特にお父さんの事業融資があったので、親の借金の肩代わりだと思われたのか、通常の銀行の住宅ローンは断られてし

【2500万円で息子さんに売却した場合の譲渡所得税の試算例】

・購入価格が分かる場合（購入価格2000万円）

売買代金2500万円－（購入価格2000万円+取得費100万円＋売却経費100万円）＝譲渡所得300万円※

譲渡所得300万円に対して20.315%=60万9450円の譲渡所得税が課税される

・購入価格が不明な場合

売買代金2500万円－（概算取得費125万円［売買代金の5%とみなすことができ来る］＋売却経費100万円）＝譲渡所得2275万円※

譲渡所得2275万円に対して20.315%＝466万1662円の譲渡所得税が課税される

（※取得費、売却経費は概算）

※税金については、必ず税理士や税務署にご相談ください

まったとのことでした。

また、もともと相続で受け継いだ土地建物で、取得した金額が不明でした。他人に売却する場合は自宅の場合、3000万円の特別控除が適用されるので、譲渡所得税が課税されない可能性がありますが、親子間で息子に売却する場合は、この3000万円の特別控除が適用されないため、売却益に対して20・315%の税金が発生してしまいます。

そのため、相続する前の勝田さんのお父さんがいくらで土地建物を購入したかが分かる売買契約書や売買代金の領収書などを探す必要がありました。

譲渡所得税は、利益（所得）に対する税金のため、もともとの取得価格が分かれば売却した価格から差し引くことができるのです。

相続時の書類などをくまなく探してもらったところ、勝田さんのお父さんが購入した当時の土地の売買契約書が見つかりました。当時の価格は2000万円でした。

これで、取得価格が分からないよりはかなり節税できます。

ローンは親子間売買でも融資可能なノンバンクに住宅ローンの打診をしました。売買代金2500万円のところ、融資可能額は2000万円、30年ローンで融資承認となりました。息子さんに自己資金があったので、差額は現金で支払うことにしました。

ノンバンクの金利は3・65％と高めですが、毎月の返済は約9万1500円で、二世帯で賃貸物件に住むことを考えれば安い金額です。数年返済してから金利の安い住宅ローンに借り換えをする計画を立てました。

勝田さんはこれまで通り自宅に住みながら、売却したときと同等の資金を得ることができました。譲渡所得税を支払っても、充分な医療費や老後資金が残りました。何より自宅に住み続けることができて、奥さんも喜んでいました。のちに奥さんは自宅で息を引き取ったとのことでしたが、最期は自宅で家族全員に見送られ、安らかに旅立たれたようです。勝田さんは、「あのとき自宅で妻を看取ることができて本当に良かった」と仰っていました。

2年後、息子さんから地元の金融機関で住宅ローンの借り換えをすることができたと報告がありました。借り換え後の金利は1・25％の全期間固定で返済額も7万円弱に減らせたそうです。着実に返済を続け、もうすぐお子さんも出産予定とのこと。将来的には建て替えを計画していると嬉しそうに話してくれました。

5．任意売却

任意売却とは、住宅ローンの支払いができなくなった場合に債権者（金融機関）の了承のもと、一定の条件で売却後も住宅ローンが残ってしまう不動産を売却することで、「任売（にんばい）」と言われることもあります。

住宅ローンの返済が苦しくなり、「払えない……どうしようもない……」と追い詰められると、「売るしかないか……」という考えに至ると思います。

「売る」となったときに一番重要なことは、前述の通り「アンダーローン」か「オーバーローン」かということです。

図22 自宅を売却するときのローン残高

【アンダーローンの場合】

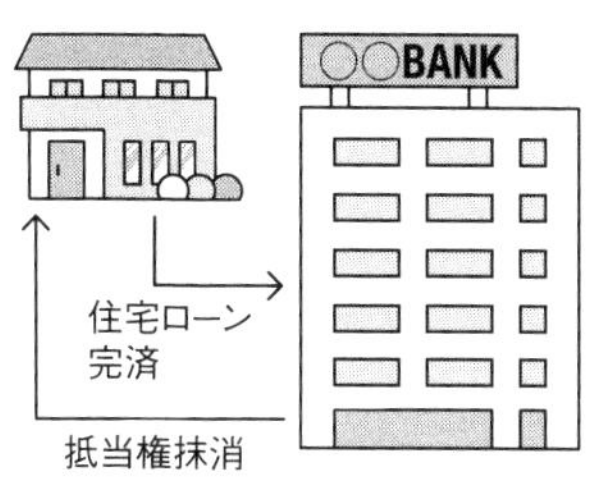

・余剰金を頭金に買い替え
・余剰金で賃貸に住み替え　など

【オーバーローンの場合】

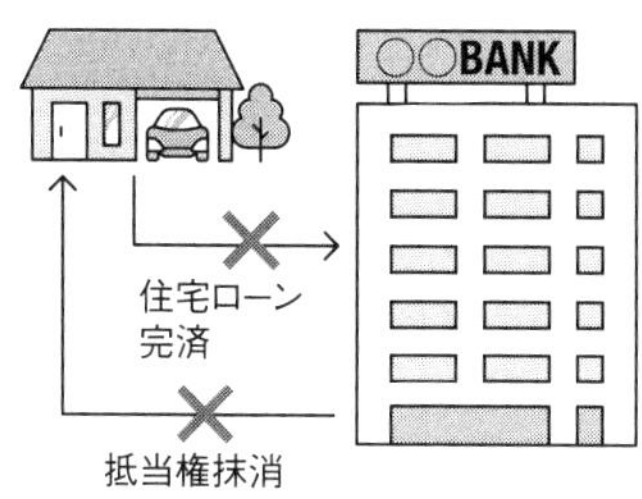

・オーバーローン分を一括返済
・抵当権が抹消されないと売却できない
・払えない、売れない

繰り返しになりますが、「アンダーローン」とは、物件の時価（現在の相場）が、住宅ローン残高を上回っている状態。つまり、物件を売却すれば住宅ローンが完済でき、資金が手元に残る状態のことです。

それに対して「オーバーローン」とは、物件の時価（現在の相場）が、住宅ローン残高を下回っている状態。すなわち、物件を売却しても住宅ローンが完済できず、差額を払わなくては売却ができない状態をいいます（**図22**：「自宅を売却するときのローン残高」を参照）。

アンダーローンの場合は売却して資金を手に入れ、賃貸物件に引っ越して生活を立て直すことができますが、オーバーローン状態で

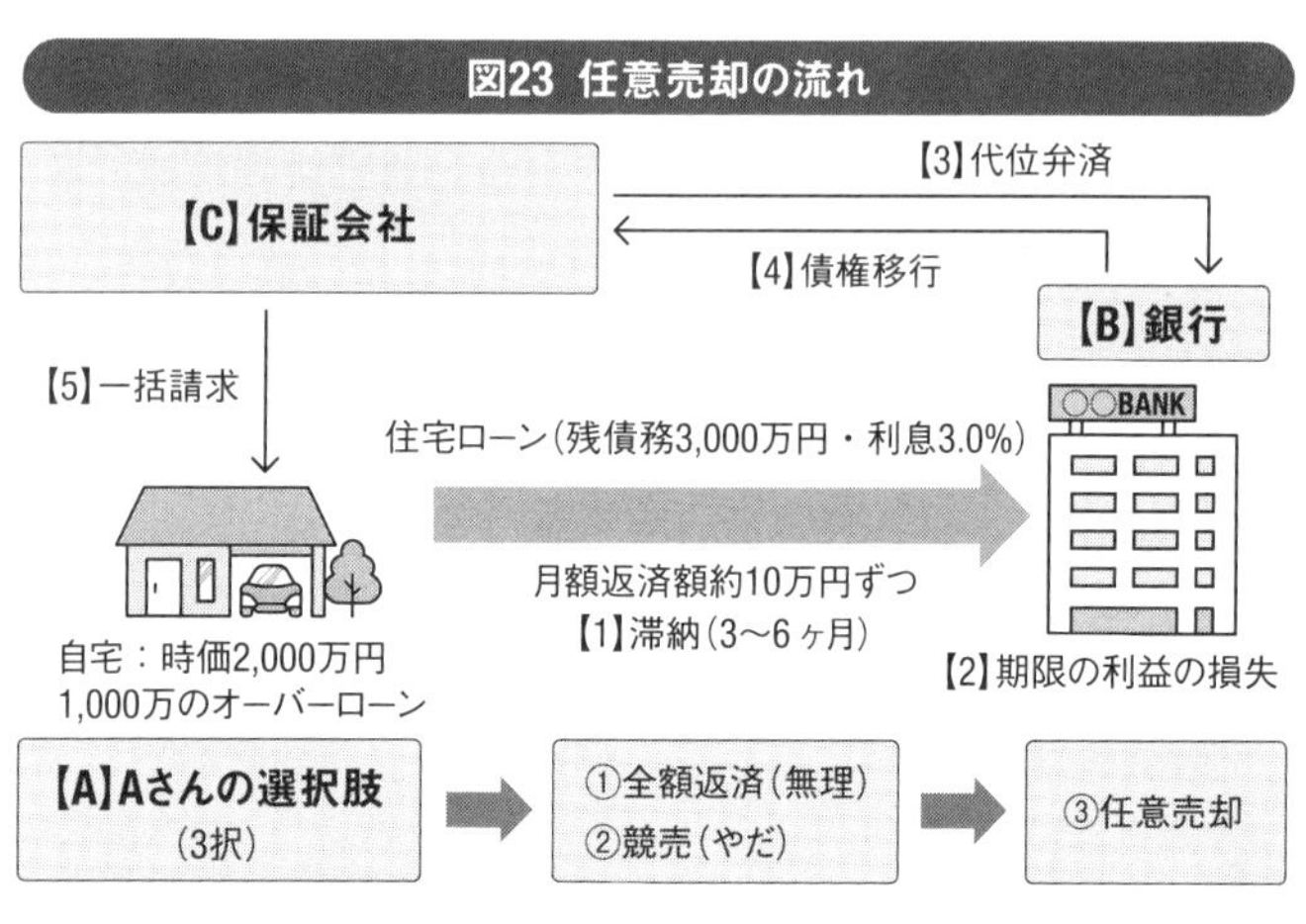

完済に必要な差額が数百万円、あるいは1千万円超と高額な場合は売却したくてもできず、八方塞がりになってしまいます。そこで頭をよぎるのは、「競売」か「自己破産」です。

ところが、オーバーローンでも自分の意思で売却できる方法があり、それが「任意売却」なのです。「任意売却」の「任意」とは、「強制」の反意語です。つまり、強制的に売却させられる「競売」と違い、自らの手で任意で売却できるのが「任意売却」です。

【任意売却の流れ】

任意売却をする場合、いつ、どんな手順で進めていくのか、具体的に流れをみていきましょう（図23：「任意売却の流れ」を参照）。

①まず、自宅の時価を調べてオーバーローンかアンダーローンか確認するため、不動産業者に査定をしてもらいましょう。

↓インターネットで一括査定をする方法が簡単ですが、売却したいという情報が数社の不動産業者に知られてしまうため、後で営業の連絡がしつこい場合があります。できれば地元の業者1・2社に直接連絡して査定をお願いしてみた方がよいでしょう。

↓アンダーローンの場合は、通常売却も可能。

②オーバーローンの場合は、任意売却の取り扱いに慣れている不動産業者に相談しましょう。

任意売却の場合、通常の売却と異なり金融機関との交渉が必要となります。慣れていない不動産業者に依頼してしまうと金融機関との交渉がうまくいかず、売却できずに競売になってしまう可能性があるので気をつけましょう。インターネットで検索すると、任意売却の不動産業者の情報は多数あります。まず数社に相談してみて任意売却の流れやリスク、残債務のフォローなどを確認し、知識のある不動産業者さんに依頼するのが良いでしょう。また大切な自宅の売却を任せる業者なので、知識量はもちろんですが、自分との相性も大切です。この会社なら安心して任せられそうだという会社、担当者に依頼しましょう。

③滞納が浅い人は滞納期間が必要となるケースもあります。前述の通り、滞納期間が浅いとまだ期限の利益を喪失しておらず、全額返済しない限り金融機関が抵当権を外してくれないため売却ができないからです。

滞納期間中は督促の連絡や手紙などが来ますので、任意売却する旨を伝えましょう。督促が来るとつい逃げたくなってしまいますが、滞納していながら督促を無視するという態度は一番やってはいけないことです。金融機関に支払えないことを伝えて任意売却をする旨や不動産業者に相談していることなど事情を伝えましょう。

④数ヶ月の滞納後、期限の利益が喪失し、債権が保証会社や債権回収会社に移管すると、債権者と相談し任意売却の売出価格を決定します。そこから売り出しがスタートします。売出期間は6ヶ月のところもあれば3ヶ月のところもあります。それまでに売れなければ競売と並行で売却していくという流れになります。金融機関によって販売期間は異なるので任意売却を担当する不動産業者にスケジュールをしっかりと確認してください。売れるまでの間は、自宅に住んでいても問題はありません。ただ、買主が内見に来るので、できるだけ高く売れるよう室内を綺麗にしておくことが望ましいです。

⑤買主が決まり、債権者の合意が取れると売買契約をします。その際、引き渡し

はいつまでにするかなども相談しましょう。売却に掛かる経費（仲介手数料、抵当権抹消費用、引越費用、管理費などの滞納金（あれば））は売買代金の中から控除してもらうため、不動産業者経由で債権者に交渉します。引越代は必ず控除されるものではないので、滞納期間中にできるだけ引越費用を貯めておきましょう。

⑥引渡日までに引っ越しを行い、引渡日（決済日）に買主から売買代金の全額を受領し債権者に返済をします。

⑦売買代金から売却に掛かる経費を控除した残りの金額が債権者への返済に充てられます。残った債務は原則一括返済を求められますが、一括で払える人はなかなかいないので、私的整理（分割返済など）をしていくか、法的整理をしていく形のどちらかになります。

私的整理の場合は、金融機関とご自身で今後の返済計画について話し合っていく形になります。法的整理の場合は弁護士などの専門家に依頼して法的に残債務を整理する形になります。

「住宅ローンが払えない＝競売→自己破産」ではありません。任意売却という方法を取れば、自らの手で売却し、自分の意思で引っ越しが可能となります。残債務は残りますが、それは競売になっても同じです。残債務の処理方法も自己破産だけではありません。強制的に競売で売却されるよりもメリットが多いのが任意売却です。

任意売却のメリット

①競売よりも高値で売れる可能性があり、残債務を減らせる。

競売は評価額にあたる売却基準価格が時価の60～70％と低く、それに近い価格で落札されてしまうと債務が多く残ることになります。任意売却の場合は、銀行の保証会社などの債権者と協議をして時価（相場）で市場に売り出すため、高く売れる可能性があり、債務を減らすことができます。
また価格や条件についても柔軟に対応できるため、競売よりも早く売却できることが多く、遅延損害金を減らせます。

②手元に引越費用などの資金が残る可能性がある。

住宅ローンを滞納している状態だと、マンションであれば管理費など住まいに関してほかにも滞納があるものです。さらに、仲介手数料や引越費用など、売却にあたってある程度の資金が必要です。通常オーバーローン状態で売却すると手元には1円も残りません。

任意売却の場合は、債権者と協議して合意すれば、仲介手数料、管理費などの滞納金、引越費用など売却を実行するために必要な費用を売却代金から控除することができます。そのため、手元にお金がなくても売却することができます。控除した分、残債務が増えますが、それで生活をリセットして前に進めるのであれば必要なものだと思います。

ただし、必ず引越代などの費用が出るという保証があるわけではありません。

③競売になっている（あるいは寸前だ）と周囲に知られることなく、スピーディーに売却ができる。

競売申し立てがなされる前に任意売却ができれば、差押登記が入らないので競売物件として公開されることなく自宅を売却できます。しかも、競売よりも早く売却が完了できることになります。

④引越先、引越時期を自由に決められる。

売買契約の期日にもよりますが、基本的に引越先や引越時期を買主と話し合いをして決めることができます。競売のように強制的に退去させられるということはありません。

⑤無理の無い残債務の返済計画を組める可能性がある。

任意売却後の残債務は、法的整理か私的整理で支払っていくことになります。私的整理（自分で債権者と交渉して払っていく）の場合、生活状況に応じて分割払いを認めてもらえるケースもあります。

⑥精神的ストレスが軽減でき、プライバシーの保護が図れる。

競売になるとインターネットや新聞などで物件情報を公開されるので、自宅に不動産業者などが訪ねて来るなどして近所の人に知られてしまいます。任意売却だと通常の売却方法と同じなので、住宅ローンが払えなくて売却するということが第三者に知られることはありません。ただし、物件を買ってくれる買主には任意売却だと知られてしまいます。

⑦任意売却後にそのまま住み続けられる可能性がある。

前述の「リースバック」、「親子間売買」が任意売却でも可能な場合があります。

図24 任意売却のメリット・競売のデメリット

	任意売却のメリット	競売のデメリット
売却価格	高値で売れる可能性がある。市場価格とほぼ同等の金額で売却できるので、残債務を減らせる可能性がある。 ※売出価格は債権者との協議で決定する。	裁判所が決定した売却可能価格（市場価格の70%くらい）で落札されることもあり任意売却に比べて残債務が多く残る可能性がある。 ※最近は競売が高騰しているので高値で落札されることもある。
余剰金	手元に資金が残せる可能性がある。引越代・生活資金として、10～30万が受け取れるよう、債権者に控除してもらえる可能性がある。さらに別途再出発資金が残せることもある。	売買代金はすべて債権者への支払いになるため、手元に資金が残らない。競落人から引越費用がもらえる可能性は低い。 ※アンダーローンの場合を除く。
残債務	無理のない返済計画が事前に立てられる。競売と違い、債権者の印象が良いこともある。	競売になっても残債務は残る。競売申立て費用（60～200万）。代金納付までに遅延損害金（14%前後）が膨らむので、残債務は確実に多くなる。
引越時期 引越先	引き渡し時期が相談できる。売買の仲介業者が、引越先の手配をしてくれることもある。	競落人の決定に異議を申し立てることはできず、強制執行されると強制的に退去させられる。
近所に知られたくない 精神的な問題	近所に任意売却だということは分からない。売り出しは一般の売却と変わらず行うので、近所に知られることはほとんどない。自らの手で売却することができる。	インターネット、新聞などで競売物件として公表されるため、近所に競売になっていることが知れてしまう。業者や執行官が近所に聞き込みすることもある。
住み続けたい 数年後に買い戻したい 事業を続けたい	リースバック、親子間売買などで、住み続けることや事業所を使用できることもある。	競落人から買い戻したり、リースバックできる可能性は極めて低い。

※著者調べ

競売では関係者が入札に参加しても落札できる保証はありません。第三者に落札されてしまうと、その人から賃貸で借りるということはまず不可能です。賃貸で住み続けたいと申し入れても、条件が合わず、結局退去を要求されるというケースが多いです。

任意売却でリースバックを前提に知人や投資家に購入してもらうことができれば、そのまま住み続けることができます。

任意売却での親子間売買は、前述したように債権者の同意が得られないことが多いですが、状況によっては認められることもあるので、どうしても住み続けたい事情があるときは交渉してみるといいでしょう。

以上、任意売却のメリットを7つ挙げました。このほかメンタルな面でも、競売で裁判所になされるがまま自宅を処分されていくのではなく、自らの手で売却して生活を立て直そうとすることで、前向きになれるというメリットも大きいと思います（**図24**：「任意売却のメリット・競売のデメリット」を参照）。

●競売も売却です。流れを知っておけば怖くない

債権者が任意売却を認めない場合や期限内に任意売却で売れなかった場合は競売になります。「競売」が解決策といえるのかと疑問の声が上がりそうですが、「競売」も売却方法の1つです。決して競売になってしまったらダメだというわけではありません。時と場合によっては、「競売での売却」を選択する方が有利なことがあります。

競売のメリット

①任意売却よりも高値で売れるケースがあり、債務が減らせる。

昨今の不動産バブルにより競売市場も落札価格が高騰しています。平均して、競売の売却基準価格（時価の6～7割程度）の1・5倍以上で落札されています。

ひと昔前の「競売は安い」という常識は変わっています。任意売却で売れなかった物件が競売で高値で売れたという事例も多く出ています。ただし、地方や条件の悪い物件は安値で落札されたり、入札が入らず不売となることもあります。

②共有名義人や占有者が売却に協力しないなど、任意売却が難しい場合でも売却できる。

物件が共有になっていると、売却にあたって共有名義人の協力が不可欠です。協力してくれない、行方不明で連絡が取れないなど、通常の売買ができない場合があります。また占有者がいて、追い出すのに時間とお金が掛かり売却ができないというケースもあります。

そういった場合でも、競売なら売却することは可能です。所有権は裁判所が職権で移転するので、共有名義人の印鑑などは必要ありません。また、占有者の退去手続きは競売で落札した人が行います。

③住宅ローン以外の債権者や差押権者が担保解除に応じてくれない場合でも売却できる。

住宅ローン以外に事業資金の借り入れがある、税金の滞納で差し押さえがあるなどの場合、任意売却するためにはすべての債権者に担保解除をしてもらう必要があ

ります。

一方、競売なら担保解除してもらわなくても売却が可能です。どうしてもほかの債権者が承諾してくれず任意売却ができないという場合は、競売での売却に切り替えるとスムーズに進めることができます。

④部屋の内見や契約手続きをしなくても裁判所が勝手に売却を進めてくれる。

煩わしい手続きをしたくない、内見ができない事情があるなど、売却手続きができないという方は、競売だと裁判所が手続きをしてくれるので、売却が可能となります。

ただし、１７９ページの**図19**の⑤の時には、裁判所の執行官と不動産鑑定士が自宅の調査をするので、調査に協力しなくてはなりません。

売却後、各債権者への配当手続きも裁判所が行ってくれますが、債務が残った場合は、任意売却で売却した場合と同様、残債務を支払っていかなくてはなりません。

⑤任意売却よりも長く自宅に住んでいられる。

任意売却で売買契約が成立すると、所有権の移転と同時に自宅を明け渡さなければなりませんが（親族間売買やリースバックで住み続けられる場合を除く）、競売は入札、開札、売却決定、所有権移転まで時間が掛かります。明け渡し時期に関しては、競売で落札した人との交渉となりますが、所有権移転後の明け渡しでも応じてくれるケースもあります。

明け渡しをしない場合は、競売で落札した人から強制執行の手続きがなされ、裁判所から強制的に退去をさせられますが、そこまでいくにも時間が掛かります。住んでいられる期間は状況によって異なりますが、概して競売で売却する方が任意売却で売却するよりも長く住んでいられる可能性が高いといえます。

ただし、競売で落札者が決まり代金納付が完了するまで、残債務に対して遅延損害金が発生します。加えて、競売に係る費用（60～200万円）も請求され、売却までに時間が掛かる分債務は膨らむことになります。

●任意売却も競売も残債務が残れば、支払わなくてはいけない

オーバーローン状態の場合で、任意売却や競売になると多くの場合、売却後に債務が残ります。任意売却でも競売でも債務が残れば、支払わなくてはいけないのは同じです。残債務が払えない場合は、法的整理もしくは私的整理どちらかの選択肢になります。

私が任意売却の相談を受けている中で一番多い質問が、「任意売却後の住宅ローンの残債務はどうなるの?」というものです。「任意売却したはいいけれど、住宅ローンの残債務が残っている。残債務は今まで通り、分割払いできるのか。今度支払えなくなったら自己破産しかないのか……」と相談に来る方は不安でいっぱいです。

私は、任意売却することは1つの「通過点」でしかないと思っています。「任意売却できたから解決!」というわけではありません。むしろそこからがスタートであり、その後の生活をどうしていくかの方が重要なのです。ですから、生活再建の上で任意売却後の残債務をどう処理していくかはとても大切なことです。

これは競売で自宅を売却した場合も同じです。競売で落札者に自宅を明け渡すまでは裁判所主導で事務的に進んでいくので、あまり自分で考える必要はありません。しかし、自宅を手放した後、どこに住んでどうやって暮らしていくのか、その後の生活は自分の力で再構築していくことになります。しかも、残った債務と競売に掛かった費用を支払っていかなくてはなりません。

任意売却や競売で不動産を売却した後、売却代金で返しきれなかった住宅ローンは、「無担保の借金」として債務者に残ります。住む家も財産も失った状態で酷ではありますが、原則として全額（元金＋延滞金）支払わなくてはならず、返済義務は免れません。もちろん一括で支払うのは無理でしょうから、どのように支払っていくか返済計画を立てることになります。

ただし、債権者がどのように請求してくるかは個々のケースにより異なります。無理のない金額でよいので少しずつ支払えばよいという場合もありますし、きっちりと返済計画を作成する場合もあります。残債務がある現状をどうとらえるのかも人によってさまざまだと思います。「ようやく住宅ローンの重圧から逃れられたと思ったのに、まだ借金がある」と落胆する人もいれば、「借金はあるけど以前よりラクになった。なんとかなるだろう」と楽観的に考える人もいるでしょう。

私がお伝えしたいのは、残った債務を軽く見てはいけないし、あまり心配しすぎることもないということです。まずこれからの生活をしっかり立て直すことです。家計のやりくりや今後のライフプランについてファイナンシャル・プランナーに相談するのもよいと思います。その上で、毎月どれくらい返済していけるか、具体的に数字を出してみてください。支払おうという意思と厳しい家計状況を具体的に示した上で債権者と話し合えば、お互いに納得できる返済方法が見つかる確率が高まります。

02 残った債務をどう処理していくのか

●残った債務を処理していく方法には、大きく分けて次の2つの方法

法的整理をする

法的整理は法律に基づいて裁判所の命令で借金の全部又は一部を免除をしてもらう方法で、自己破産と個人再生があります。法律の力で借金を無くしたり大幅に減らしたりするので、確実にリセットできます。また、弁護士などの専門家が代理人になるため、自分で交渉しなくていいのもメリットです。

ただし、弁護士費用が掛かるなどメリットばかりではありません。持っているクレジットカードが使えなくなり、5～10年間は新たなカードも作れないなど生活上の不便もあります。

特に自己破産の場合は税金などを除くほぼすべての債務が免除になる代わりに、家や車など高額の財産は処分しなければならず、生活に必要な資金しか持つことはできません。破産手続き中は一定の職業や資格に制限が掛かるなどの制約があります（※個人再生については214ページを参照してください）。

法的整理は、借金を減免することで個人の経済的な再生を助けることを目的としています。自己破産や個人再生を申し立てたら何が起こるのか、認められた後はどうなるのか、事実をしっかり理解した上で、生活を立て直すために必要であれば、躊躇なく利用したらよいと思います。

私的整理をする

私的整理は、法律の力を借りず自分で債権者と交渉していく方法です。弁護士や司法書士に依頼して債権者と交渉してもらう「任意整理」も私的整理の手法の1つです。

多重債務で利息が膨らんでしまっている状態だと自分で交渉するのは難しいかもしれませんが、住宅ローンの残債務だけであれば自力で交渉できると思います。どのように整理するかの決まりはなく、債務者と債権者で合意ができればよいので、選択肢はさまざまです。たとえば、

・少額ずつ分割で全額返済を目指す。

・確実に支払える金額を決め、全額ではなく一部を返済することで和解する。

など、実情に合わせて話し合っていくことになります。

不確定要素が多く、自分で交渉しなくてはならないのは精神的ストレスが伴います。一部返済での和解など、法的整理をしなくても借金を減らせる可能性もある一方、返済が滞れば厳しい取り立てに遭い、給料や預金を差し押えられたりすることもあります。

法的整理と私的整理のどちらが良い選択かという問いに正解はありません。その人それぞれの残債務状況や生活状況に応じてご自身で選択するのがよいと思います。

確実に残債務を整理するのであれば法的整理がよいと思いますが、「自己破産したくない」、「借りたものは返済していきたい」などの理由で私的整理を選択する方も多くいます。

ただし、正しい情報があって初めて選択できます。専門家から「自己破産しかない」あるいは「自己破産なんてしなくてよい」と言われたとしても、鵜呑みにしてはいけません。まず自己破産のメリット、デメリットを理解してください。その上で自分がなぜ自己破産すべきなのか、あるいは、なぜ自己破産しなくてよいのか、自分にとって自己破産のメリット、デメリットを考えることが大切です。その中で初めて自分にとって何がベストなのかを選択するべきです。

残債務の悩みはとても大きな精神的ストレスで、あまり考えたくないと思います。しかし、投げやりになって言われるがまま進めることは非常に危険です。大切なのは、大変な状況になったときに思考停止に陥らず、その状況でいかにより良い解決ができるかを考えて行動を起こすことです。

まず、自分自身がどうしたいか、どうしても譲れないものは何か、自分の考えを明確にしてください。それを守るにはどうしたらよいか、相談に来てくだされば私も一緒に考えていきたいと思っています。

事例7 田中清彦（仮名）さんの場合

田中清彦さん（54歳、会社員）
埼玉県　戸建て

自宅の時価	1,300万円
住宅ローンの残債務	3,000万円
▲1,700万円のオーバーローン	

【相談内容】

バブル時にマンションを購入しましたが、子どもの成長と共に手狭になってきたため、18年前に新築建売住宅に住み替えようと考えました。その際、マンションの価値が下落していて1500万円ほどオーバーローンの状態でした。

住宅販売会社から「売却損分もローンが組めるから買い替えが

可能」と半ば強引にすすめられ、それならばと新築戸建てを購入しました。住宅購入価格は３３００万円。オーバーローン分１５００万円分と合わせて４８００万円の借り入れ、35年返済で住宅ローンを組みました。

毎月の返済額は12万円弱、ボーナス払いは年間55万円ほどでした。

これまで住宅ローンは滞りなく支払っていましたが、勤務先に役職定年制度が導入され、来年役職定年で給与が減額されることが確定的となってしまいました。今後の住宅ローンの返済が厳しくなるため、どうしたらよいか相談したいと来社されました。

●相談から任意売却の方針決定へ

田中さんの相談を受けて、まず収入と支出を書き出してもらい、現在、55歳役職定年となる来年以降、定年になる60歳以降、それぞれどのような収支状況になるかをまとめてみました。

田中さんの相談時点での税引後の年収は６００万円で、住宅ローンや教育ローンなどを払っても余裕があります。もともと真面目で倹約家な田中さんは贅沢ひとつせず生活してきました。住宅ローンの組み方にはかなり無理がありましたが、収入に対するローン返済の割合は35％以下を維持していました。

ただし、来年の役職定年以降の年収は、約２００万円ダウンで４００万円ほどになってしまいます。そうなるとローン返済の割合は年収の50％ほどとなり、かなり厳しい状況が予想されます。５年後の60歳以降も継続雇用で働く予定ですが、年収は更に下がり２４０万円程度の見込みで、ローン返済の割合は80％以上となってしまいます。これでは生活できません。60歳以降の収入を考えると老後破綻は確実でした。

次に田中さんの自宅の時価を調べました。バブル時に購入したマンションの住宅ローンのオーバーローン分が現在の自宅のローンに上乗せされているのでオーバーローンは確実だと思っていましたが、なんとマンション以上に現在の自宅も大幅に値下がりしていて、２物件分のオーバーローンが積み上がっている状態だと判明しました。

新築建売住宅として購入したときの価格は３３００万円でしたが、現在の価格は

１３００万円と大幅に下落している状況です。そのエリアは新興住宅地で、当時は地価が高かったのですが、交通の便が悪く駅から遠いので下落率の高い地域でした。もともと購入した価格も割高だったのかもしれませんが、一番の問題点はマンションのオーバーローン分もローンを組んでいることです。

田中さんは自宅の時価があまりにも安いと知ったショックと、過去の負債と併せて支払い続けなくてはいけないという絶望感でいっぱいでした。収入減が来年に迫っていることも田中さんの不安に追い打ちをかけていました。

田中さんの状況を整理した結果、私は現状と今後の方針について次のように説明しました。

・来年以降の収入減で住宅ローンの返済が厳しくなるのは確実である。
・生活を切り詰めて支払いを続けても定年までの間に残債務が時価を下回る見込みはない。
・60歳までのあと5年間、住宅ローンの返済を優先すれば貯金は全くできないか、むしろ取り崩すことになると予想される。

・収入が激減する60歳以降に競売、自己破産となるより、収入のある今の段階で任意売却をして過去からの債務をリセットした方がよいのではないか。
・今の時点で債務整理をしたら、退職金を老後資金に残せる可能性がある。

そして、任意売却の流れとメリット、デメリット、残債務の整理の方法を説明しました。残債務の法的な整理については私からおおよその自己破産の流れ、メリット、デメリットを話した上で、方針が決まったら専門の弁護士を紹介することを伝えました。

田中さんは一旦検討するとのことで、帰っていきました。数日後連絡があり、家族と相談した結果、家は任意売却して残債務は法的整理で自己破産をすることにしたいとのことでした。

決断の理由について、田中さんは次のように話してくれました。

・子どもが独立し1人暮らしを始めるタイミングだったので、妻と2人なら戸建てに住む必要がない。

・60歳まで生活を切り詰めて住宅ローンの返済を続けたとしてもオーバーローン分をカバーするのは不可能だと分かった。
・今、整理をすれば法的整理後の給与や退職金から（一部は自己破産時返済）貯蓄することができ老後の資金に充てられる。
・今の債務は住宅ローンと教育ローンだけだが、この先住宅ローンの返済でカードローンなどの借り入れをして多重債務になりかねない。そんな事態は避けたい。

その後、具体的なスケジュールについて検討しました。その結果、来年役職定年になるまでは今まで通り住宅ローンの返済を続け、役職定年後に収入が減った段階で銀行に相談した上で、返済をストップして任意売却を進めるという方針となりました。

自己破産の退職金の扱い

弁護士に相談したところ、定年後に自己破産をすると、退職金はほぼ全額返済し

図25 自己破産時の退職金の返済について

自己破産の時期	退職金の額	自己破産時の返済	手元に残る金額
定年後	1,000万円	1,000万円全額返済（99万円までは残せる）	99万円まで
55歳	55歳で自己都合退職の場合の金額で算出・800万円（仮）	800万円の8分の1の返済となるため100万円の返済でOK	定年退職時1,000万円

※55歳で自己破産をして60歳で退職の場合、退職金1,000万円は全額受給できる＝老後資金として残せる
※あくまでも例であり退職金の金額などを保証するものではありません

なくてはなりませんが、55歳で自己破産をすると、55歳時点での自己都合退職の場合の退職金の8分の1の返済となるとのことでした。田中さんは定年後に破綻が目に見えている状況でしたので、定年前に過去の債務をリセットすることが老後破綻を回避できる方法だと思いました（**図25**：「自己破産時の退職金の返済について」を参照）。

●任意売却の実行

予定通り、田中さんは翌年の3月に銀行に相談し、返済をストップしました。通常は3～6ヶ月ほど滞納しないと期限の利益は喪失しないのですが、銀行の担当者に任意売却をしたい旨を伝え、期限の利益を放棄する形で早めに保証会社に債権を移してもら

うように進めてもらいました。そして、期限の利益の喪失後、一括返済の通知が届き、保証会社に債権が移りました。その時点で任意売却を担当する不動産業者から保証会社に１３００万円という物件の査定金額を連絡してもらいました。

保証会社の物件の評価も不動産業者の査定金額とほぼ同額で、１３００万円以上での売却なら抵当権抹消に応じるという承諾を得ることができました。それを受けて、不動産業者に１３８０万円で売りに出してもらうことになりました。

期限の利益の喪失後は今までの通りの毎月の返済ができなくなるため、売出期間中は返済がストップしている状況です。田中さんは自宅に住み続けながら不動産業者に売り出しをしてもらい、その間に引越代を貯めることができました。また、居住中の状態で購入希望者が内見に来るため、できる限り部屋を綺麗に掃除して、少しでも高く売れるように努力しました。その努力の甲斐あって売出開始から１ヶ月半で、１３５０万円で購

売買代金	1,350万円
▲仲介手数料	511,500円
▲抵当権抹消費用	30,000円
抵当権者（保証会社）への返済	1,295万8,500円

入したいという買主が見つかりました。住宅ローンの残債務約１７００万円に延滞利息と遅延損害金を加えた金額が債務として残りました。

田中さんは会社により近いエリアの駅から徒歩圏内の賃貸マンションに引っ越しをしました。家賃は月７万８０００円で間取りは２ＤＫです。以前の戸建てと比べると広さは半分くらいになりましたが、奥さんと２人なら十分な広さです。今までは車が無いと生活ができない場所でしたが、駅から近くて買い物も便利になったので、車も手放しました。どうしても車が必要なときはカーシェアリングを利用すればいいと、かなり断捨離をした様子でした。

●残債務の整理

大きく残った債務については、弁護士に依頼して自己破産手続きを申請しました。破産管財人による自己破産手続きから数ヶ月後、無事に免責許可が下りて債務がゼロになったと連絡がありました。退職金の返済については、55歳の時点で自己都合退職の場合での退職金を算出したところ、８００万円でしたので、その8分の１の

１００万円を貯蓄から返済に充てました。自己破産するときは99万円までの現金は自由財産として手元に残すことが認められていますが、田中さんの場合は、退職金分の返済１００万円と弁護士費用と引越費用を支払うと、手元にはほぼ残りませんでした。ただ、住宅費に掛かる経費がだいぶ軽減できたことで、毎月の給与から貯蓄する余裕も出てきたようです。また退職金が老後資金に残せるということで今後の生活に希望が持てて、何をするにも前向きになったそうです。定年前に過去の負債を法的にリセットすることで、定年までの給与や定年後の退職金を得ることができ、一から資産形成をすることも可能です。今まで住宅ローンの返済のために切り詰めた生活をしてきましたが、最近ではたまに奥さんと外食ができるようになったととても明るく話してくれました。

過去の住宅ローンの負債を抱えてしまったことは失敗かもしれません。金融機関にも迷惑を掛けています。しかし、バブル後の不動産価格の下落は、田中さんのようなサラリーマン個人が背負いきれる負債ではないとも思います。日本は法治国家

です。そして日本国憲法では基本的人権の尊重があり、

「すべて国民は、健康で文化的な最低限度の生活を営む権利を有する」

という生存権を保障するとされています。

人を騙してお金を返さないというのは犯罪ですが、住宅ローンが払えないということは犯罪ではありません。そして法的整理で債務を減免されることは法律で定められた正当な債務のリセット方法です。

そのため、ほとんどの金融機関は住宅ローンの返済ができなくなった人に対して任意売却や残債務の私的整理に応じる姿勢があります。もちろん法的整理にも応じてくれることがほとんどです。不安で夜も眠れないような状態で、ローン返済のためだけに生きることはないのです。

第５章

自宅資産を活用した老後の生活設計

第4章では住宅ローンが払えなくなったときの解決策を、段階別にご説明しました。この本のタイトルにあげた「55歳」という年齢は、老後生活の準備の最終段階にあります。多くの人は役職定年などで仕事を頑張っても収入が増えない、逆に下がるという現実にぶつかります。しかし、まだ正社員で少なくとも60歳までは収入の見通しが立つ環境にあるので、60歳以降の働き方についても具体的な選択肢が見え始めているのではないでしょうか。

55歳は絶好のチャンスです。定年後を見据えて「とても住宅ローンを返しきれない」と判断し、生活再建を目指してリセットするなら、現役で働いているうちが圧倒的に有利です。逆に、少し苦しいけれども退職金も使って定年退職時までにできるだけ住宅ローンを返済しようという選択もあります。インフレ傾向が定着しつつある今、自宅という不動産を持つことは資産形成として預貯金よりも効率的なケースもあります。完済しなくても、売却すれば手元に資金が残る「アンダーローン」の状態であれば、いざというときに資金化できる立派な資産になります。本章では、自宅を活用して老後の生活を支える資金を賄っていこうという考え方をご紹介します。

01 日本では持ち家が多いが経済的な負担は大きい

総務省の調査データによると、日本の持ち家世帯比率は約6割、60歳以上のシニア世帯では約8割（２０１８年調査）となっています。過去30年の推移を年代別に見てみると、50代以下では各年代とも大きく減少していますが、60代以上では8割前後とほぼ変わっていません。

家を持つ時期は遅くなっているものの、60歳までには以前と変わらず8割の世帯がマイホームを手に入れていることが分かります。

会社員の生涯賃金は2億〜3億円といわれています。住宅を購入する場合、親からの相続や贈与でない限り、住宅ローンを組みます。

自己資金１０００万円と住宅ローン３５００万円で４５００万円の住宅を購入す

るとしましょう。2％の固定金利で35年ローンとすると毎月の返済額は約11万6000円、総返済額は約4870万円、生涯賃金の2～3割を住宅に使うことになります。ちなみに金利3％で返済期間35年、3500万円を借りた場合の総返済額は約5660万円です。今後、金利が上がれば、ますます住宅資金の負担は大きくなるでしょう。

さらに家を持つと、ローン返済に加えて固定資産税、メンテナンス費用などの負担が生じます。マンションなら住んでいる限り毎月管理費・修繕積立金が掛かりますし、戸建ての場合も経年劣化に備えて自分で修繕費用を用意しておく必要があります。持ち家には思った以上にお金が掛かります。

仕事や家族の状況に合わせて柔軟に住み替えられることを考えると、「賃貸物件に住み住宅を持たない」という選択肢もあります。

02 住宅ローンを利用した住宅購入は積立投資のようなもの

「持ち家か、賃貸か」はそれぞれの価値観によるところが大きく、永遠の議題です。どちらも家賃や住宅ローン返済で毎月それなりの出費があることは同じで、「家賃と同じくらいの支払いでマイホームが持てますよ」という謳い文句に住宅を購入した方も多いでしょう。

しかし、財布から出ていく金額は同じでも、お金の意味合いは全く違います。家賃は出ていくだけで何も得られないのに対して、住宅ローンの返済は手に入れた住宅資産の対価です。ローンを完済すれば住宅は完全に自分の資産となります。長い年数を掛けて住宅分の資産を築くのだと考えれば、ある意味、積立投資のようなものです。

ただし、購入金額＝資産価値ではありません。ローン完済時にその土地建物の資産価値がどれくらいあるのかは、物件やそのときの社会・経済状況によって大きく変わってきます。郊外のニュータウンのように地域全体が高齢化して衰退してしまうと、商店も無くなっていき住みにくくなる上に、地価が下がり自宅の資産価値も下がってしまいます。最悪の場合は、ほぼ価値が無く処分に困る「〝負〟動産」になる可能性もあります。新たに開発されたエリアでも魅力ある街づくりが進めば、住みやすく落ち着いた街並みができあがってくるとともに、地価が上がり資産価値が増します。

マイホーム購入は積立投資のようなものだと述べましたが、自宅の資産価値は変化するため、毎月の積立額と積立期間は決まっているものの、最終的にいくら得られるか分かりません。

特に日本の不動産は土地の部分の価値が大きく、立地エリアや環境によって大きな差が出ます。30年も経てば周辺の環境ががらりと変わってしまうこともありますので、住宅購入にあたっては、長期的な視点で物件の価値を冷静に評価して選ぶことが大切です。

不動産投資であれば、利回りや周辺の不動産価格の推移、今後の開発・整備計画などを詳しく調べて購入を判断するのが当たり前です。それがマイホームとなると、その時点での都合や自分の好みを優先して決めてしまいがちです。

資産価値のあるマイホームを手に入れるためには、自宅購入にも投資の視点を持ちたいものです。

今後日本でもインフレが定着し、物価が安定的に上昇していくと考えると、モノである自宅を持つことは資産防衛としても有効です。

資産価値が維持できる、むしろ価値が上がるような住宅を持てば、資産形成に大きなプラスとなるでしょう。

03 住宅資産を活用して第二の人生設計を

資産価値の大きさにかかわらず、住宅は生涯収入の大きな部分をつぎ込んだ大切な資産です。長い老後生活を支えるために活用しない手はありません。

一般的に、家よりも人の方が長生きです。税務上、木造住宅の耐用年数は22年です。22年経ったら住めなくなるというわけではありませんが、40歳で新築住宅を購入した場合、62歳のときに家の方は平均寿命に達してしまいます。また、20年も経てば、子どもは成人して独立するかもしれないし、仕事が変わっているかもしれません。家族の状況が変われば、当然家に求めることも変わります。「現役時代に購入した家＝終の棲家」という考え方では家と人が見合わない、つまり「思い出のつまった大事なマイホームだけど老後の家としては住みにくい」というのは当たり前のことなのです。

余談ですが、実は私たち不動産業に携わっている人間はよく住み替えをします。「住宅購入は一生に一度」という意識はなく、その時々のニーズに合わせて住み替えていくのが当たり前だと考えています。私自身も自宅を選ぶときは客観的に不動産としての価値や今の不動産市場動向で判断するためか、自分が住む物件にも特別なこだわりがありません。常に不動産情報に接しているので、売り時だと思ったら売却して、しばらく賃貸に住むこともあります。たびたび住み替える方が正解、というわけではありませんが、「家は一生もの」という固定観念を捨てると違う選択肢が見えてくるかもしれません。

60代は定年退職で生活も大きく変わる時期です。生活の節目をきっかけにして、退職後の人生にふさわしい住まいに住み替えることを考えてみても良いのではないでしょうか。「マイホームは一生に一度の大きな買い物」といわれますが、人生が長くなった今、一生に一度ではなく二度目のマイホームが必要になっていると私は考えます。

「郊外に家を買い子育てをしたが、子どもたちは独立。定年後の夫婦で住むには家が広すぎる。静かで環境は良いが、車が無いと買い物もできない」――このようなお悩みをよく聞きます。シニア層にとっては、近くに医療機関やスーパーマーケットがあること、バス停や駅に近いことが非常に大切です。

さらに年齢を重ねると、2階建てなのに2階に上がれない、道路から家の玄関までの間が階段で出入りも不便……といった深刻な問題も増えてきます。掃除など住まいの維持管理の面や防犯上、戸建てよりもマンションの方が便利だと感じる人も少なくありません。

設備が古くなって不便ということならリフォームで対応できますが、物件の立地や建物の構造の問題は、住み替えや建て替えをしなければ解決できません。建て替えるくらいなら思い切って戸建てからマンションへという選択肢もあります。老後は家で過ごす時間が増え、住みやすい住環境を整えることが幸福度アップにつながります。

老後の生活設計を考えるとき、資金計画と生活の充実度の両面からも影響の大きい住まいの問題を第一に考えるべきでしょう。

住み替えにはまとまった資金が必要ですから、ここで力を発揮するのが住宅資産としての自宅です。住宅ローンを払い終えた自宅を売却した資金で、便利な場所のコンパクトなマンションに住み替えができれば理想的です。住宅ローンが残っていても、売却代金でローンの完済と次の購入資金がある程度賄えれば検討が可能です。

現在の自宅の資産価値が低く売却代金だけでは足りない場合は、住宅ローン型リバースモーゲージの利用が考えられます。

住宅金融支援機構の『リ・バース60』タイプのリバースモーゲージは、新たに購入する住宅を担保として資金を借りることができます。借り入れできる金額は各金融機関の担保評価の5割程度なので、借入金だけでは購入は無理ですが、足りない部分を補うことはできます。

契約者が生きている間、元本返済は不要で利息のみを支払い、亡くなった後に相続人が一括返済します。担保物件を売却して返済する場合は、売却代金で完済できなくても債務が残らないノンリコース型を選べます。契約時に配偶者が連帯債務者または連帯保証人になっておけば、契約者が亡くなった後、債務を引き継ぎ自宅に住み続けることができます。

『リ・バース60』タイプのリバースモーゲージは、住宅金融支援機構と提携した金融機関がそれぞれ販売しています。基本的な仕組みは同じですが、扱っている金融機関によって細かい条件は異なりますので、具体的な商品内容は各金融機関に確認してください。

私が相談を受けた中で、資産価値の高い自宅を所有していることで救われたケースをご紹介します。

60代で住み替えたケース

事例8 杉田幸一（仮名）さんの場合

杉田幸一さん（65歳）は60歳で定年を迎えたとき、退職金で住宅ローンを完済しました。その後も雇用延長で働いてきましたが65歳で仕事を辞めることにしました。従来の住まいは、横浜市のＪＲの駅から徒歩15分の一戸建て。子育ての環境を重視して、緑の多い地域の広めの住宅を購入しました。駅までは坂道なので、幸一さんの通勤時はいつも妻の美津子さんが車で送り迎えをしていました。高台の静かな住宅地ですが、徒歩10分以内の範囲にコンビニもなく、日常の買い物にも車が必要でした。

一人娘の美紀さんが結婚して家を出た今、夫婦2人で住むには広すぎる家です。使っていない部屋がある上に、庭の手入れや家の前の道の掃除など家の周りにも手が掛かります。駅までの距離もだんだん苦痛になってきました。外出時は夫妻の一方が車で送迎、2人で外出するときは頑張って歩くかタクシーです。「もう一戸建ては要らないな。駅に近い便利なマンションがあれば……」と考えるようになっていました。この春、孫が生まれたのを機に、娘さんの近くに住み替えるため行動を起こしました。

住み替え先は同じ横浜市内の私鉄沿線で、都心まで直通で乗り入れています。駅から5分くらいの新築マンションは、広めの2ＬＤＫが5000万円くらいです。一方、現在の家は3500万円程度で売れることが分かりました。貯蓄を取り崩せば買えない金額ではありませんが、これからの生活を考えると手元資金を減らすのは不安です。

そこで、500万円は貯蓄から出し、残り1000万円は購入する新築マンションを担保に『リ・バース60』で借りることにしました。借入時の金利は2・8％、毎月の支払いは利息分の約2万3000円だけなので、車を手放すことを考慮すると生活には影響ありません。

住み替えを実行した杉田さん夫妻は、娘の美紀さんと気軽に行き来できるようになった上、近くにクリニックやスーパーマーケットなどが揃っているので便利になったと喜んでいます。駅に近いので、都心の美術館や劇場に夫婦で出掛ける機会も増えました。美紀さんが仕事に復帰するときは子育てのサポートもしようと張り切っています。

自宅売却金	3,500万円
自己資金	500万円
『リ・バース60借り入れ』	1,000万円

→

新築マンション
5,000万円

家のリフォームをきっかけに相続の不安を解消できた例

事例9 青木良夫（仮名）さんの場合

青木良夫さん（仮名・70歳）と直子さん（仮名・68歳）は東京都内・郊外の一戸建てに夫婦2人で暮らしています。住宅ローンは完済しており、贅沢をしなければ日常の生活費は年金で賄えています。2人が元気な間は現在の自宅に住み続けるつもりですが、家の外壁や屋根に補修が必要になってきました。大がかりな改修になるため、費用が心配でなかなか踏み切れずにいました。老後のための蓄えはあるものの、最近の物価高騰で今後の生活に不安を感じていたからです。

そこで、手元の貯蓄を減らさずに改修の資金を捻出する方法としてリバースモーゲージを検討することにしました。子ども2人は独立しており、いずれ家は要らなくなるので、家で精算できるローンなら好都合だと考えたのです。

リバースモーゲージは契約にあたり、法定相続人の同意が必要です。青木さんは子どもたちを呼んで、自分たちが亡くなった後の相続について相談しました。2人とも、「自分の住まいについては別に考えているので、実家はお父さんとお母さんの好きなようにして欲しい」と賛成してくれました。

青木さんは取り引きのある銀行にリバースモーゲージを申し込み、借入限度額1500万円まで自由に借り入れができるタイプの契約をしました。契約時に自宅の改修のために500万円を借り入れ、外壁と屋根の改修に加えて、台所と浴室・トイレの設備を高齢者が使いやすいようにリフォームしました。無駄な金利は支払いたくないので、必要最低限の借り入れに抑えました。残りの融資枠は、医療費や高齢者施設への入居など資金が必要になったときのために取っておくつもりです。

実は、青木さん夫妻は子どもたちに資産をどのように分けるべきか悩んでいました。相続財産のほとんどが自宅の土地建物なので売却しない限り均等に分けることはできません。2人が揉めないかと心配だったのです。貯蓄を取り崩すことなく快適に暮らせる家になった上、子どもたちと相続について話すことができて、青木さん夫妻は気になっていたことを一気に解消することができました。

自宅資産の活用で生活再構築の可能性

事例10 吉田恵子（仮名）さんの場合

吉田恵子さん（70歳）は都内の一戸建ての住宅に一人暮らしです。10年前に夫が亡くなり団体信用保険で住宅ローンを返済、自宅は恵子さんのものになりました。

しかし、夫が自営業で、夫も恵子さん自身も国民年金の保険料を支払っておらず無年金状態でした。収入が不安定だった上、景気が良いときは夫が使ってしまったので貯蓄もありません。夫が50歳になったとき「せめて家ぐらいは欲しい」と恵子さんが説得して自宅を購入したことが幸いし、住まいだけは確保できました。

1人になった恵子さんは清掃のアルバイトをして生計を立ててきましたが、70歳になって、いつまで働けるだろうかと、急に不安になり、夜も眠れない日々を送っていました。

恵子さんの自宅は、売却すれば3000万円くらいになると思われます。しかし、「夫との思い出のある家をできれば手放したくないし、70歳を過ぎて住むところが無いというのは辛い」と恵子さんは訴えました。

リバースモーゲージの担保としても充分な自宅ですが、恵子さんが無年金である点で、金融機関の審査をパスするのは難しそうです。リースバックだとおそらく2000万円程度と安い買取価格になる上、住み続けるには相場相応の家賃を支払わなくてはいけないので、得策ではありません。また自宅を賃貸に出して賃料で生活費を得る案も考えましたが、恵子さんが住む賃貸費用も掛かりますし、相続人がいないので自宅資産の分までは恵子さんが生きているうちに使い切りたいという思いがありました。それなら自宅を売却し、売却した資金で1人暮らし用の中古マンションを購入するか、賃貸で暮らすことを考えてみてはどうかとアドバイスしました。高齢でも借りられる賃貸物件はあるし、将来的に本当にお金が尽きてしまったら生活保護というセーフティネットもあることを説明しました。

話しをしているうちに、恵子さんは家を売る方向で決心がついたようです。「お話を聞いて先が見えたような気がします。家を売るしかないと分かっていても、簡単にはできません。今すぐ売却なんてできないんです。あと2年くらいは今のまま働けると思うので、その間に少しずつ家とお別れする準備をしていきます」と、明るい表情で帰っていきました。後から「毎日が漠然と不安でしたが、先が見えて久しぶりにぐっすり寝ることができました」と連絡がありました。

売却は先送りになりましたが、自宅の資産価値を把握し、できることを整理したことで、恵子さんは前向きに考えられるようになりました。不動産価格の動向を見ながら、定期的に相談に乗っていきたいと思います。

04 高齢者に根強い「持ち家志向」

●賃貸物件は、高齢になると借りられないのか?

日本では60代以上の持ち家比率が約8割、つまり約8割の人が定年退職までに住宅を購入しており、根強い持ち家志向があります。しかし最近、住宅に対する考え方に少し変化の兆しが見られるようになりました。

国土交通省の『土地問題に関する国民の意識調査』に、自分が住む住宅の所有についてどう考えるかを尋ねる設問があります。「土地・建物については両方所有したい」という人の割合は、平成23年度までほぼ80%台で推移してきましたが、最新の令和3年度調査では66・7%と大きく減少しています。

詳細を見ると、「借地・借家でも構わない又は借地・借家が望ましい」という積極的賃貸派が増えたわけではありませんが、「分からない」という人が増えており、これまでは絶対的だった持ち家志向が薄れつつあることが分かります。

不安定な雇用関係の増加や実質賃金が伸びない中、都市部の不動産価格の高騰で住宅が高嶺の花になってしまったことや未婚率の上昇などによる価値観の変化で、若年層の住宅購入志向は低下していくことが予想されます。住宅購入までの一時的な住まいとしての賃貸でなく、持ち家と同様に長く住みたいと思えるような高品質の賃貸住宅が求められるようになるでしょう。賃貸住宅市場が充実・活性化していくことを期待します。

ただし、現在ご高齢の方は、「家庭と家を持って一人前」「一国一城の主」といった価値観の中で生きてこられています。また、「高齢者は賃貸物件を借りられないから、家を持っていないと住むところがなくなる」という脅迫観念に近い意識も強いようです。このような持ち家への強いこだわりが、高齢になって住宅ローンの支払いに窮し、家が生活に合わない不便なものになっていても、売却をためらわせているのです。

●高齢者向けサービスが充実した賃貸物件の存在

私は賃貸管理の業務にも携わっている経験から、現在でも高齢者は賃貸物件を借りられないわけではないし、今後はむしろ高齢者向けの賃貸物件が増えてくると考えています。認知症のリスクや孤独死で事故物件になることを恐れて高齢者を敬遠するオーナーが多いのは事実です。しかし、賃貸物件が供給過剰になっているエリアもあり、郊外では入居率50％以下というアパート物件も出ています。エリアや物件を限定しなければ、高齢者が借りられる物件はあります。

高齢者向けの見守りサービス付きの物件、オーナー向けに孤独死で放置された場合の清掃費用を補償してくれる保険なども出てきました。高齢者を対象とした賃貸物件紹介サイトもできており、徐々に高齢者が賃貸物件を借りやすい環境が整ってきています。「家を売ったら賃貸物件が借りられない」という常識は変わりつつあります。

そこで主な高齢者向けのサービスをご紹介しておきます。

【主な高齢者向けサービス】

・クロネコ見守りサービス・ハローライト訪問プラン

(https://nekosapo-order2.kuronekoyamato.co.jp/mimamori-biz.html)

高齢者の自宅のトイレや廊下など、毎日使用する電球を「ハローライト電球」に交換する。「ハローライト電球」は電球内に通信機能があり、ＬＥＤの点灯・消灯に異常を感知すると、登録した見守り者のメールアドレスに通知する。見守り者が訪問できない場合、クロネコ見守りサービスの窓口に依頼するとヤマト運輸のスタッフが代わりに訪問してくれる。初期費用や工事は不要。

マンション管理会社や家賃保証会社、自治体などが導入している。

・R65不動産

(https://r65.info/)

65歳以上の高齢者が入居可能な賃貸物件（賃貸マンション・アパート・一戸建て）が検索できる情報サイト。電気使用量で異常を感知する見守りサービス『あんしんみまもりパック』、オーナーや管理会社向けに孤独死が起こった場合の保険も用意されている。

運営は株式会社Ｒ65（東京都杉並区荻窪4－24－18）。

・ＵＲの高齢者向け賃貸住宅

(https://www.ur-net.go.jp/chintai/whats/system/eldery/)

独立行政法人都市再生機構（ＵＲ都市機構）の高齢者向け賃貸物件を集めたサイト。段差の解消や手すりの設置、緊急時対応サービスの導入など、高齢者が暮らしやすいように配慮されている。

●最終的な住まいとしての高齢者施設

「できるだけ自宅で自由に暮らしたいけれども、いずれは高齢者施設に入居することになるのかな……」と漠然と考えている人は多いと思います。自立した生活が困難になった場合に入居できる施設は増えています。

介護保険を利用する公的施設は入居一時金がなく月々の利用料も安いですが、入居希望者が多く、人気のある施設はなかなか入居できません。

一方、民間の有料老人ホームは豪華なものから庶民的なものまでさまざまです。長い期間住むことになるかもしれませんので、経営状態も心配されます。いったん入居した後に別の施設に移るのは、非常に面倒な上にお金も無駄になってしまいます。

入居前には見学だけでなく、体験入居して実際にその施設の雰囲気や生活を肌で感じて確認することをおすすめします。

最近増えているのが、「サービス付き高齢者向け住宅（サ高住）」です。「サ高住」は建物全体がバリアフリー構造で、高齢者を支援するサービスを提供する賃貸住宅です。「サービス付き」となっていますが、必ず付いているのは安否確認と生活相談サービスだけです。

食事の提供や通院・買い物の付き添い、掃除・洗濯の代行などの生活支援などをオプションとして用意している施設もあります。

		公的施設			
	グループホーム	特別養護老人ホーム（特養）（介護老人福祉施設）	介護老人保健施設（老健）	軽費老人ホーム（ケアハウス）	介護医療院（介護療養型医療施設）
	認知症の高齢者が少人数で共同生活を送る施設。専門知識を持つスタッフのサポートを受けながら自立した日常生活を営むことを目指す。	日常的な介護を必要とする高齢者に、介護と生活援助サービスを提供する施設。	リハビリテーションを必要とする高齢者の在宅復帰と在宅生活の継続を支援する施設。在宅復帰を前提としているため、入居期間は原則3~6ヶ月。	主に自立あるいは要支援の高齢者が比較的少ない費用負担で利用できる福祉施設。「自立型」と介護保険の適用がある「介護型」がある。	要介護高齢者の長期療養・生活のための施設。医療機関に近い職員数が配置されている。終末ケア、看取りに対応するところもある。
	65歳以上、要支援2以上の認知症の人。施設がある自治体に住民票がある人。集団生活に支障がない人。	65歳以上で要介護3以上。	65歳以上で要介護1以上。	60歳以上、自立生活が難しい人。 ※「介護型」は65歳以上で要介護1以上。	65歳以上、要介護1以上で医療が必要な人。
	入居一時金は不要か、比較的安価なところが多い。	なし。	なし。	ないところが多い。	なし。
	居住費、管理費、食費を含め15~30万円程度。介護サービス利用料（介護度・地域により異なる）は別途必要。	居住費、管理費、食費、介護サービス費用など含めて5~15万円程度。介護保険が適用され、自己負担額が比較的安い。介護度、居室タイプ、所得によって負担額が異なる。	居住費、管理費、食費、介護サービス費用など含めて10~20万円程度。介護保険が適用される。介護度、居室タイプ、所得によって負担額が異なる。	居住費、管理費、食費など含めて10~30万円程度。所得に応じて利用料金が異なる。介護サービスは別途利用した分だけ掛かる。	居住費、管理費、食費、介護サービス費用など含めて10~20万円程度。介護保険が適用される。介護度、居室タイプ、所得によって負担額が異なる。
	複数の居室と台所、食堂などで構成されたユニット型。	多床室、従来型個室、ユニット型個室。	多床室、個室。多床室が多い。	原則として個室。	多床室、個室（従来型、ユニット型）。
	入居者3人に対して1人以上。夜間にも1ユニットあたり1名常駐。	入居者3人に対して1人以上。	入居者3人に対して1人以上。医師、看護師、リハビリ専門スタッフが常駐。	要支援者10人につき1人、要介護者3人につき1人。	介護職員は入居者5~6人に対して1人以上。医師、看護師など医療機関に近い人員を配置。

※著者調べ

図26 高齢者向け施設一覧

	民間施設			
	有料老人ホーム		サービス付き高齢者向け住宅（サ付き・サ高住）	
	介護付き有料老人ホーム	住宅型有料老人ホーム	一般型	介護型
特徴	24時間介護スタッフが常駐。介護度別の定額を払うことで、日常生活に関わる介護サービスを受けながら生活できる。	自立から要介護まで幅広い人が入居できる。介護付きと同様のサービスが受けられる。大きな違いは、介護サービスが定額制ではなく必要なものを選んで受けこと。	安否確認・見守りサービスと生活相談サービスが付いたバリアフリー対応の賃貸住宅。生活支援サービスなどは用意されている中から選択して利用できる。費用や特徴、入居条件は施設により多様。 介護サービスが必要な場合は、外部の事業者と別途契約する。ほとんどが一般型。	特定施設入居者生活介護の指定を受けており、施設内で介護サービスを受けられる。数が少ない。
入居対象者	「介護専用型」は65歳以上、要介護1以上。「混合型」の施設は、自立・要支援の人も入居可。	60歳以上など年齢制限を設けているところが多い。自立から要介護まで、施設によって異なる。	60歳以上の高齢者、60歳未満で要介護認定を受けている人。 原則として自立した生活が送れること。認知症不可。介護度が高くなると退去となる可能性あり。	認知症の人や介護度が高い人も入居できる。
入居金の目安	入居金なしから数千万円まで幅広い。賃料の一部前払いの位置付けで、入居一時金の有無により月額費用が異なるプランを設けている所も多い。		初期費用として敷金（月額家賃の1~3ヶ月分）。	入居一時金が必要なところが多い。
月額費用の目安	居住費、食費、介護サービス費など含めて15~35万円程度。介護サービス費用は要介護度によって決められた定額を別途負担。	居住費、食費、介護サービス費など含めて15~35万円程度。介護サービスは施設外の事業者と契約し、利用した分だけ支払う。	5~25万円程度。食費や光熱費、介護サービスを受ける場合はその費用（外部の事業者と契約し利用した分だけ）などが別途必要。	食費を含めて15~40万円程度。介護サービスの費用（要介護度に応じて一定額）は別途必要。
居室タイプ	個室（原則13㎡以上）。		個室（原則25㎡以上）。	
介護職員体制	入居者3人に対して1人以上。	基準なし。施設によって異なる。	基準なし。日中は一定の資格を持つ職員が常駐。	入居者3人に対して1人以上。

介護サービスを受ける場合は、外部の介護事業者と契約し別途費用を支払います。自立した生活ができる人を対象にしているので、介護度が重くなると十分なサービスが受けられず、退去しなくてはならない場合もあります。

高齢者施設の入居一時金に充てるためにリバースモーゲージを借りようと考える方もおられると思いますが、『リ・バース60』が使えるのは、賃貸住宅に分類されるサービス付き高齢者向け住宅の入居一時金だけです。介護付き有料老人ホームなどほかの施設の入居一時金には使えませんので注意してください。

長生きして入居期間が長くなるほどお金が掛かります。途中で資金が尽きてしまうということのないよう、入居のタイミングや資金計画・資金管理はよく考えておくべきです（**図26**：「高齢者向け施設一覧」を参照）。

05 自分の希望を大切に

本章では、持ち家に対する価値観や人生における持ち家の意義を踏まえて、自宅の資産活用の方法について考察しました。

60代で定年退職した後、20～30年もの人生があります。老後の生活設計において、どこに誰と住むのかは非常に大きなポイントです。

「退職して年金収入しかないから住み替えはできない」
「生活費が不安だから家のメンテナンスができない」
「日常生活に困らないから多少不便でも今のままでいい」

などと諦めることはありません。希望する生活の実現を目指して、改めて資金計画を考えてみましょう。

そのとき役に立つのが、住宅ローンを完済した、あるいは残債務が少なくなった自宅不動産です。上手に活用すれば、住環境を整え、やりたいことに積極的にチャレンジする資金が準備できるかもしれません。

ただ、いくら希望しても最期まで自宅で過ごせるとは限りません。高齢者施設への入居のタイミング、希望の施設、必要となる費用などを考えておきましょう。入居一時金は必要ない施設もありますが、毎月の利用料が掛かります。公的年金では賄いきれないケースが多いと思われますので、老後の資金計画には施設の費用も入れておきましょう。

また、リバースモーゲージは、契約期間中ずっと利息を支払うか、利息が元金に加算されていきます。高齢者施設に入居して自宅に住む人がいなくなった場合、そのままローンを継続するのか、自宅を処分してリバースモーゲージ契約を終了するのか、あらかじめ決めておくといいと思います。

まとめとして、現在お持ちの自宅資産を活かして老後生活をより良いものにするためのポイントを最後におさらいしましょう。

まとめのポイント！

①住宅を購入することは大きな負担になるが、時を経ても価値がある物件を選べば資産形成として有効である。物件を見極める眼を持つことが大事。

②長い人生の間、家族構成やライフスタイルの変化とともに住宅に求めるものは変わる。持ち家か賃貸かにこだわらず、必要に応じて住み替える方が快適な生活が得られる。

③収入が限られる老後の生活設計は、住宅資産の活用も含めて考えよう。

④事情に応じてリースバックを利用する意味はあるが、長期的な収支をしっかり試算して検討しよう。

⑤リバースモーゲージを利用するときは、契約を終了するタイミングも考えておこう。

おわりに

●終の棲家は何度あってもいい～高齢期だからこそ住み替えを選択肢に

私は長い間、住宅ローン問題に関わってきましたが、不動産価格が上がろうが下がろうが、金利や給料の見込みがどうあろうが、「マイホームが欲しい」という気持ちにはあまり影響しないようです。住宅を購入しようと思っている人に、まして魅力的な物件を見つけてしまった人に、「今は買い時ではない」というアドバイスは通用しません。

実際、少々無理をしても住宅を購入して、そこで家族と幸せな時間を過ごすことができたのなら、その人にとっては非常に価値のあることだと思います。たとえ20年後に老後資金に苦しんだとしても100パーセント間違いだったとは言えない気がします。

住まいに求めるものは、年齢や家族構成などライフステージによって大きく変わります。一生住む家、「終の棲家」のつもりで購入したマイホームかもしれませんが、たとえば子育ての時期に購入した住宅が老後も住みやすいとは限りません。退職後、生活が苦しい中で、生活にそぐわない家のために住宅ローンを支払い続けることが得策といえるでしょうか。

同じ苦労をしてローンを払うなら今の自分にとって住みやすい家の方がいいでしょう。また、老後生活の考え方次第では、持ち家にこだわらず住まいは賃貸にして、ほかのことにお金を掛けるという判断もあるはずです。

どこを「終の棲家」にするかは、その時々のご自身の気持ちや体調や家族状況といった現実的なニーズに合わせて変わっていくものだと思います。持ち家にこだわって住宅ローン返済を最優先し、節約だけの貧しい老後を過ごすくらいなら、家は無くても好きなことをして、家族や友人との時間を楽しむ豊かな老後の方が幸せだと思いませんか。

高齢になると、どんなに頑張っても収入は限られます。貴重な時間をローン返済や生活費のためにあくせく働くだけに費やしてしまうのはとても残念です。住宅ローンの支払いが負担だと感じているのであれば、今すぐ見直すべきです。住宅ローンは完済していても、生活資金が足りず先の見通しが立たないようなら、自宅の資金化を含めて対策を検討することをおすすめします。

持ち家を手放すことや住み慣れた家から引っ越すことは、高齢になるほど精神的にも体力的にも大きな負担になるものです。しかし、せっかく平和な日本で長生きしようとしているのですから、老後の時間を大切にしてください。たとえ持ち家を失うことになっても、自己破産したとしても、これまで生きてきた人生経験や人脈、知識、知恵はその人の固有のお金に換えられない財産です。持ち家の価格は暴落してしまっても、その家で暮らした思い出はプライスレスな財産です。

●困ったら専門家に相談すること

老後資金の問題で悩んでいる高齢者は増えており、これからさらに増えると思われます。住宅ローンが返せず延滞しているという切羽詰まった方、ローンは完済できたが手元に現金がほとんどなく生活資金が底をつきそうだという方、私は多くの高齢者から、住宅にまつわるさまざまなご相談を受けてきました。

相談者の方の状況は一人ひとり違い、これからどうしたいのかという希望もさまざまです。持ち家の物件も一つひとつ違うので、しっかり査定をしてみないと問題解決の方針を決められません。私は常に丁寧にお話を聞くことを第一に心掛け、情報を集め分析した結果をまとめてから提案しています。

とりわけ高齢者からのご相談は、個々にオーダーメイドで解決策を構築していかなくてはならないケースが多く、かつ、ご本人やご家族が納得してから話を進めていくため、時間が掛かります。リバースモーゲージ1つとっても、金融機関によって融資可能な金額や金利など条件にはかなり差があります。

一方、商品を提供する側も高齢者の多様なニーズに応えようと、リバースモーゲージはもちろん、通常の住宅ローンでも条件付きで高齢者が利用できる制度など、高齢者向けの商品やサービスを充実させています。高齢者をターゲットとするリースバックを扱う企業はさまざまな付帯サービスを付けて競争しています。選択肢が増えるのはよいことですが、自分で情報を集めて判断するのは難しくなっているともいえるでしょう。

このような現状を考えると、老後の住宅ローンや生活資金について困り事や悩みがあったら、まず専門家に相談してみるのが正解だと思います。私のような中立の立場のコンサルタントもいますし、リバースモーゲージ、リースバック、任意売却など解決手段ごとにさまざまな専門業者がいます。資金計画という切り口からファイナンシャル・プランナーに相談してもよいと思います。便利な世の中になったもので、インターネットで検索すれば、一瞬にして多数の相談先候補がリストアップされてきます。

ただし、誰に相談するのがよいのか、誰が信頼できるのかを見極めることは非常に難しいと思います。ネットの情報ではいいことしか書いてありません。電話を掛けたり、可能ならば実際に訪ねて会ってみたりして相手の人間性を確かめるのが一番です。

特に住宅を売却してしまうことになる任意売却やリースバックは、契約してしまうと取り返しがつきません。安く物件を仕入れる目的で参入している業者にあたると、足元を見られて騙されてしまう可能性がありますので充分注意してください。

私は、『住宅ローン問題支援ネット』というNPO法人を運営しており、借り換えなど住宅ローン負担の軽減策から任意売却まで、住宅ローンに関する幅広いご相談を無料でお受けしています。毎週土日と祝日に無料相談会を完全予約制で開催しています。相談方法は直面談、メール、オンラインなどさまざまで地方からいらっしゃる方もいます。相談に来てくださった方のお話をじっくりお聞きした上で、これまで蓄積してきたノウハウを総動員して、相談者のご希望と状況に最も合っていると思われる解決方法をご提案しています。

またそれぞれ相談者に適した各専門分野の信頼できる専門家（弁護士、税理士などの士業、ファイナンシャルプランナー、不動産コンサルタントなど）のご紹介を行っております。この本で紹介したようなお悩みのある方、専門家を紹介してもらいたい方はぜひ一度お問い合わせください。私でよろしければいつでも相談に乗ります。

【プロフィール】

高橋愛子（たかはし・あいこ）

NPO法人住宅ローン問題支援ネット　代表理事
株式会社シエンプラス　代表取締役

（公認）不動産コンサルティングマスター、宅地建物取引士、賃貸不動産経営管理士、任意売却取扱主任者、競売不動産取扱主任者、相続アドバイザー

日本大学卒業後、小さな不動産賃貸会社に入社。賃貸仲介業を行う中、自宅が競売となり強制執行寸前のお客様との出会いがきっかけで「任意売却」という売却方法があること、「任意売却で競売を回避することができ、債権者と債務者にとってメリットがある」ということを知り、任意売却や不良債権不動産の専門家としての道を歩むことを決意する。任意売却の仲介業務を行う中で、売却以外にも住宅ローンに関する様々な問題を抱えている方や悩んで苦しんでいる方の多さを知り、全国無料相談窓口「NPO法人住宅ローン問題支援ネット」を設立。住宅ローンや不動産に関する様々な問題に対する無料相談業務を年間300件以上行っている。
TV・新聞・雑誌などの取材、宅建協会・商工会議所・FP継続教育セミナー・一般企業・団体などでの講演実績多数あり。

【著書（5冊）】
『任意売却ってご存知ですか？』（ファーストプレス社）
『「住宅ローンが払えない！」と思ったら読む本』（PHP研究所）
『老後破産で住む家がなくなる！ あなたは大丈夫？』（日興企画）
『離婚とお金　どうなる？ 住宅ローン！』（プレジデント社）
『【改訂版】老後破産で住む家がなくなる！ あなたは大丈夫？』（日興企画）

NPO法人 住宅ローン問題支援ネット
〒104-0061　東京都中央区銀座三丁目11番16号　G3銀座ビル2階
フリーダイアル：0120-447-472
メールアドレス：takahashi@shiennet.or.jp
ホームページ：http://www.shiennet.or.jp

これで安心
55歳からの 住宅ローン破綻回避術

2023年 8月30日　第1版第1刷発行

著　者　高橋愛子
発行者　竹尾直文
発行所　株式会社日興企画
〒104-0032　東京都中央区八丁堀4-11-10
電話：03-6262-8127　FAX：03-6262-8126

編集協力　北村礼桂、田川えり子
DTP　若松隆

印刷所　シナノ印刷株式会社

ISBN978-4-88877-672-1